基礎の基礎からよくわかる

はじめての多肉植物
育て方&楽しみ方

国際多肉植物協会=監修

ナツメ社

雰囲気いろいろ

個性いっぱいの多肉植物ライフ

小さな株をひとつだけかわいい器に植えたり、好きな種類で寄せ植えに挑戦したり、多肉植物の楽しみ方はそれぞれ。同じ植物を育てていても、楽しみ方によって、庭やベランダの表情はまったく変わってきます。個性の異なる3人の庭、ベランダの多肉植物ライフをご紹介します。

小振りの器に小さな株を植え、棚いっぱいに並べています。グッズはネット通販で購入することが多いそう。

千葉県市川市
Tさんのベランダ

陶器のタイルに寄せ植えした肉厚の鉢を乗せて。エフェル塔がおしゃれなアクセントになっています。

雑貨テイストの器や棚などのグッズは、シルバーと白に統一。植物の色も映え、ナチュラルな雰囲気でいっぱいです。

**植物は風や西日の影響を受けにくいものを選び、
器やグッズは色を統一。
こだわりのある多肉スペースは、
小さいながらもほっこりとした癒しの空間に。**

高層マンションのベランダで多肉植物を楽しむTさんは、クラッスラやセダムなどなじみのあるものを中心に育てています。震災時に10日ほど断水した際、多肉植物だけは元気に残ってくれたことから、多肉をメインに楽しむようになったそうです。

ベランダ栽培で気をつけているのは、高層マンション特有の強風と、さえぎるもののない西日。鉢の移動は天候にあわせてこまめに行います。植物は下に垂れるものや横に広がるものなど風にあおられにくいものをチョイスし、ハオルチアなど強い光に弱いものも避けているとか。寄せ植えも水やりを効率よくするため、管理の似たものを集めています。

サボテンの寄せ植えは最近のお気に入り鉢。トゲのある植物を扱うときは、100円ショップにある食品用のトングが便利だとか。

雰囲気いろいろ　個性いっぱいの多肉植物ライフ

💭 室内でも楽しめる！

茎を切ったグリーンネックレスはガラスの一輪挿しに入れ、ちょっとしたインテリアに。日の当たる室内ではミニサボテンを和風の鉢に入れて楽しんでいます。

さし木をした小さな鉢は木箱に入れてまとめています。風よけにもなるし、移動も楽です。

セダムはさし木でもどんどん殖えます。何気なくさしてある球形のピンはフェルト素材でかわいらしい。

いちばん奥の熊童子がいちばん長いつき合いの多肉植物。さし木もしやすく、あまり手間もかからずに丈夫に育っているそうです。

こんもりしたセダムや球形のサボテンなら、強風の影響も受けにくいもの。鉢に添えるラベルもアンティーク風にするとおしゃれ感がアップします。

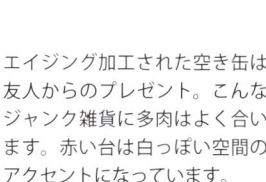

エイジング加工された空き缶は友人からのプレゼント。こんなジャンク雑貨に多肉はよく合います。赤い台は白っぽい空間のアクセントになっています。

陶器や木製など素材が違う鉢も、色をそろえて統一感を出しています。

割れてしまった鉢をあえてハンギング。さりげないアイデアがおしゃれな雰囲気を生んでいます。

エントランス近くの壁面に吊り下げられたポット。周囲の植物にとけ込みます。

アトリエの入口。アプローチに誘導され、緑あふれる空間に自然と足が向きます。

庭の中には鉢を置くためのスペースが随所に。台の雰囲気に合わせて鉢や植物を選びます。

入口アプローチの右手スペースには石畳が。何気なく置かれていたのはブーツ型のこんもり寄せ植えです。

入口には大鉢に寄せられた植物とアトリエのネームプレート。多肉以外のものも一緒に寄せるのが金沢さん流です。

雰囲気のあるナチュラルガーデンで多肉植物のアトリエ＆ショップをオープン。
あちこちに置かれた多肉は庭の景色にとけ込み、あくまでも自然な姿が魅力的。

東京都目黒区 金沢啓子さんのアトリエ

都内の住宅地とは思えない、自然あふれる庭の中にある多肉植物のアトリエ「デイジー＆ビー」。オーナーの金沢さんは、ここで多肉の寄せ植え教室を開催したり、作品販売などを手がけています。

アトリエの庭のテーマは「さりげなく」。地植えの植物の中にあっても自然となじむ寄せ植え鉢や、欠けた素焼き鉢を使ったハンギングなど、ヨーロッパの庭を感じさせるエッセンスがいっぱいです。実際、イギリスのナチュラルガーデンなどを見学し、そのアイデアを実践しているそう。そんなプロの庭を見るために、一般の方はもちろん、「もっと多肉を知りたい！」とフラワーショップの店員さんなども訪れるアトリエです。

多肉植物専門アトリエ「Atelier Daisy & bee」を経営する金沢啓子さん。もともとはテキスタイルデザイナーだったこともあり、寄せ植えのデザインにはこだわりも。「第14回 国際バラとガーデニングショウ」では、「ハンギングバスケットコンテスト壁掛け部門」で最優秀賞を受賞されました。

雰囲気いろいろ　個性いっぱいの多肉植物ライフ

石の台には石の器を選んで置くとバランスがよいそう。この台は大きな木の根元にあるので、雪が降っても積もりません。多肉にはうれしい環境です。

寄せ植えして1年ほどのグリーンネックレスとセダムは鉢の雰囲気にもぴったり。伸びてきたものは切り戻ししてシルエットを保ちます。

別々に寄せ植えした2つの鉢を重ねたアイデア。たとえば、一方には夏型、もう一方には冬型の植物を植えても、水やりなどの管理は別々にできるので、とても便利です。

多肉以外のカラーリーフを合わせることで、花のない時期でも華やかなリースに仕上がります。

石積みの立水栓は庭のアクセントにもなっています。石の器の寄せ植えには小さい株をぎっしりと。

寄せ植え教室はウッドデッキのテラスで行われます。生徒さんは用意されたたくさんの植物と器を選び、自由に作品を制作します。また、毎週水曜日はオープンガーデンを開催。アトリエへのお問い合わせは「Atelier Daisy & bee」のホームページから。http://daisy8.exblog.jp/

＊アトリエの植物たち！

和の器に寄せた多肉植物。盆栽のようなイメージで立体的なメリハリをつけるとバランスもよくなります。

家の前を通る人の目がいくベンチには、大きな寄せ植えが鮮やかに置かれています。

ハンギングのスタイルもいろいろ。スチール性のガーデンアクセサリーがおしゃれに使われています。

球状のハンギングフレームは、土をガーゼで包んでさし穂をさしています。

さびた鉄のように見える鉢は、プラスチック鉢にペンキを塗ったもの。鉢をエイジング加工するのも楽しみのひとつだそう。

カースペースの入口には壺タイプの鉢が。セネキオのあふれ具合が見事です。

華やかな寄せ植えが満載の庭。
手をかけすぎないことで、植物も元気に育つ。

千葉県いすみ市大原　中村優子さんの庭

海からほど近い中村邸の庭には、色とりどりの多肉植物があふれるように寄せ植えされています。もともとはクリスマスローズの栽培が趣味でしたが、現在の家に引越してきてからは、クリスマスローズよりも多肉のほうがよく育つようになり、いまでは多肉植物のオープンガーデンとして庭の公開もしています。

多肉栽培のポイントは「手をかけすぎないこと」と話す中村さん。冬も、猛暑日の続く真夏も鉢を移動することはほとんどなく、鉢にさし木したものをそのまま育てて、3〜4年は植え替えをせずにおくのだそう。多肉植物が持つパワーが最大限に引き出された華やかな寄せ植えがいっぱいです。

庭に入るとすぐ目につく寄せ植えスペース。どの植物も大きく生長しています。

雰囲気いろいろ　個性いっぱいの多肉植物ライフ

多肉植物を殖やす！

多肉植物は葉ざしやさし木で殖やすのも簡単。たくさん殖えたものは、寄せ植え用の株に育てたり、友だちにプレゼントしたり。

玄関前の鉢。寄せ植えはさし木で殖やした小さい株を使います。

ガーデンテーブルの上に置かれた木箱の寄せ植えは圧巻。センターには木立性のものを植え、その周辺に垂れ下がるタイプを上手に配置しています。

アンティーク風の鉢受けは小さな鉢も主役にしてくれるアクセサリーです。

和の演出にもおすすめ！

もとは日本庭園だったため、庭のところどころに和テイストのものが残っています。灯籠からは多肉をのぞかせ、古木の根元には壺に流れ込むようにセダムを植えて。意外にしっくりとなじんでいます。

もくじ

- 2 雰囲気いろいろ 個性いっぱいの多肉植物ライフ

part 1 多肉植物を育てる基本の育て方

- 12 多肉植物のタイプを知ろう
  原産地を意識した環境作りを／お手入れに必要な道具／多肉植物3つのタイプ
- 14 タイプ別 年間の管理カレンダー
- 16 よい株を選ぶためのポイント
  植物の購入は生育期に合わせて／購入に適した時期／よい株を購入するための7つのポイント
- 18 生育を助ける置き場所
  日当り、風通しのよい場所に／日照条件が影響する生理現象／植物のタイプ別 四季の置き場所
- 20 夏越し・冬越しのための管理
  真冬と真夏の管理に注意する／夏越しのためのポイント／冬越しのためのポイント
- 22 栽培に最適な用土の準備
  植物に合わせて土をミックス／多肉植物の栽培でよく使われる土
- 24 ダメにしないための水と肥料の与え方
  水やりは与えすぎに注意する／上手な水の与え方／肥料はほかの草花より控えめに／上手な肥料の与え方
- 26 病虫害のトラブル対策
  病虫害を発見する3つのチェックポイント
- 28 元気に育てていくための植え替え
  植え替えの適期を知っておく／失敗しない植え替えのポイント／基本の植え替え
- 30 お気に入りの株の殖やし方
  植物に適した殖やし方を知る／株を殖やすための方法／上手に殖やすための6つのポイント／群生タイプの株分け／ランナーで殖えるタイプの株分け／地下茎のあるタイプの株分け／葉で発根・発芽させる葉ざし／茎から発根させるさし木／空中発根／胴切り／たて割り
- 38 美しさを保つための仕立て直し
  仕立て直しで形をよくする／ダメージの見分け方／茎が間延びしてしまったら／葉がしわしわしてきたら／茎が枯れてきたら
- 42 疑問・トラブル 多肉植物 Q&A

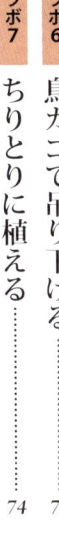

part 2
多肉植物を楽しむ アレンジ・アイデア集

- 48 多肉植物の個性を単体で楽しむ 集めるときはテーマを決めて
- 50 多肉植物を寄せ植えして楽しむ 管理の似ている植物を選ぶ／見る人の視線を意識して作る／アレンジに迷ったときには
- 52 基本の寄せ植え1 お気に入りの鉢で
- 54 基本の寄せ植え2 ガラスの鉢で
- 56 アレンジ寄せ植え1 ハンギング仕立て
- 58 アレンジ寄せ植え2 タペストリー仕立て
- 60 アレンジ寄せ植え3 リース仕立て
- 62 アレンジ寄せ植え4 苔玉仕立て
- 64 初心者にはカゴがおすすめ 雑貨と組み合わせて楽しむ
- 66 雑貨コラボ1 コランダーに植える
- 67 雑貨コラボ2 たまごケースでさし木する
- 68 雑貨コラボ3 底穴のない器に植える
- 70 雑貨コラボ4 贈り物にアレンジする
- 71 雑貨コラボ5 空き缶に植える
- 72 雑貨コラボ6 鳥カゴで吊り下げる
- 74 雑貨コラボ7 ちりとりに植える
- 76 寄せ鉢&寄せ植えを楽しみながら栽培上手に 見た目の姿と環境の相性をチェック
- 80 もっと素敵にアレンジしたい！ 多肉植物によく合う器

part 3
人気の多肉植物 失敗なしの育て方カタログ

- 82 カタログの見方

花のようなロゼットタイプ
- 84 エケベリア
  パーティードレス／ピーコッキー／シャビアナ／王妃錦司晃／キャロル／錦晃星／ジュリア／女王の花笠／すみれ牡丹／魅惑の宵／デスメチアナ／静夜／トプシーツリー／錦の司／野ばらの精／初恋／ピンクレディ／ホワイトローズ／ボンビシナ／ミニマ／モラニー／群月冠／樹氷
  エケベリアの仲間
- 90 グラプトペタルム
  朧月／姫秋麗／都の霞
- 92 センペルビブム
  オディティ／巻絹／レインハード

葉が連なるこんもりタイプ
- 94 アドロミスクス
  ヘレイ／天錦章／緑の卵
- 96 オロスタキス
  対馬ツメレンゲ／コモチレンゲ／富士
- 98 クラッスラ
  アイボリーパゴダ／赤鬼城／アルボレッセンス／大型緑塔／赫麗／ジェイドタワー／キムナッチー／銀揃／クラバータ／月光／小型神刀／青鎖竜／玉稚児／稚児姿／火祭り／姫花月／姫花月錦／姫星／星乙女／円刃／リンゴ火祭り／ロゲルシー／呂千絵／若緑

上に伸びる木立性タイプ

104 セダム
薄化粧／黄麗／モシニアナム／コーラルカーペット／タイトゴメ／ダシフィルム／玉葉／ドラゴンズ・ブラッド／丸葉万年草／ルテア／ミセバヤ リーンベット　セダムの仲間

108 ダドレア
ヌビゲナ／仙女盃

110 パキフィツム
コエルレウム／ビリデ／青星美人／パキフィツム

112 アエオニウム
愛染錦／黒法師／五月雨傘／小人の祭り／サンバースト／ドドランタリス／真 黒法師／オーレア／夕映え

116 アロエ
キダチアロエ／ネリー／プリカチリス／千代田錦／スノーフレーク／怒帝王錦 帝王錦／ブラックゼム／ホタルの光／リネアータ

120 カランコエ
江戸紫／シンセパラ／扇雀／月兎耳／胡蝶の舞／朱蓮／マルニエリアナ／チョコレートソルジャー／点兎耳／フミリス

124 コチレドン
モンキーネイル／オルビキュラータ／旭波の光／銀波錦／銀波錦モンストローサ／熊童子／熊童子錦白斑／子猫の爪／エリサエ／福娘／ペンデンス 甲竜／万物想

128 コーデックス
グラウカ／スピノーサ／フォエチダ／恵比須笑い／エブレネウム／グラキリウス／デンシフローラム／光堂／ディスティチャ／アルテルナンス／アフリカ亀甲竜／万物想

葉がユニークな個性派タイプ

132 ガステリア
エラフィアエ／臥牛／エクセルサ／臥牛竜錦／熊笹／グロメラータ／リリプターナ／春鶯囀／象牙宝／白星竜／ピランシー錦

136 コノフィツム
ウスプルンギアナム／円空／オペラローズ／菊丸／小菊の舞／シネレオビリディス／スルコルム／花車／ピランシー／ブラウニー／ブルゲリ／ペアルソニー／ペルシダム／マウガニー／レガレ／風鈴玉 碧魚連／神風玉／大鮫／四海波／ボスケアーナ／青鷺／魔玉　コノフィツムの仲間

シャープなトゲありタイプ

142 スタペリア
牛角／ディバリカータ　スタペリアの仲間　ピロサス

144 セネキオ
京童子／ケープアイビー／七宝樹錦／マサイの矢尻／大型銀月／グリーンネックレス／新月／鉄錫杖／万宝　セネキオの仲間　紫月

148 ハオルチア
アマゾナイト／キンビフォルミス／ピグマエア／ギガス／ギザギザハート／キンギアナ／オブツーサ／十二の巻／万象／ピリフェラ錦白斑／冬の星座／ストリアータ

152 フェルニア
阿修羅／蛾角／バルバータ

154 リトープス
寿麗玉／招福玉／白花黄紫勲／巴里玉／弁天玉／朱唇玉／日輪玉／福来玉／富貴玉／麗虹玉

158 アガベ
アテヌアータ／氷山／屈原の舞扇／乱れ雪／王妃雷神白中斑／プミラ／輝山／吹上／笹の雪／雷神

162 サボテン
兜／亀甲ヘキルリランポー玉／亀甲牡丹／金烏帽子／金鯱／銀手毬／金洋丸／ゴジラ／小人の帽子／守殿玉／神仙玉／翠平丸／精巧丸／緋牡丹錦／玉牡丹／白雲閣／白鳥／般若錦／緋冠竜／福禄竜神木／ボンニアエ／翠冠玉／ヤマカル柱／ローマエビ

168 ユーフォルビア
我眉山／奇怪島／オベサ／キリンドリフォリア／稚児キリン／鉄甲丸／白衣ホリダ／花麒麟／紅彩閣／ゴルゴニス／瑠璃晃

172 多肉植物を育てるための園芸用語

175 多肉植物さくいん

part 1

多肉植物を育てる 基本の育て方

多肉植物の基本的な育て方を解説した章です。
置き場所、用土、水やり、肥料など
適切な管理で上手に育てましょう。
植え替え方法や、株の殖やし方、
仕立て直し方なども紹介しています。

多肉植物のタイプを知ろう

多肉植物はほかの草花より枯れにくいため、管理も比較的ラクだと思われがちです。しかし、上手に育てるには季節にあったお手入れが必要。育て方のポイントを知っておきましょう。

原産地を意識した環境作りを

多肉植物を育てるコツは、各植物の原産地を知り、できるだけ生育地の気候に近い環境を作ることです。多肉植物の多くは、雨が少なく大地が乾いている場所を原産地とします。そのため、通常の草花よりも水やりの回数を控え、肥料も与えすぎないことが基本です。

原産地の環境はそれぞれの生育期にも影響しています。たとえば寒冷地を原産地とするタイプは、寒さに強く日本では真冬以外の冷涼な時期が生育期となります。多肉植物はこの生育期の違いによって、夏型、冬型、春秋型と大きく3つのタイプに分けることができます。冬が生育期のものは冬型ということです。まずは、原産地とタイプを確認しましょう。

お手入れに必要な道具

多肉植物を育てるために必要な道具と、あると便利な道具です。園芸ショップ、ホームセンター、雑貨店、インターネットショップなどで購入できます。

鉢（→ P80）
プラスチック鉢、素焼き鉢、化粧鉢のほか、ブリキ缶、キッチン雑貨などを利用することもできる。鉢のサイズは「号」で表し、1号は直径が3cm（約1寸）。

土入れ／スコップ
鉢に土を入れるときなどに使用する。小さい鉢の場合はスプーンなどで代用してもよい。▶土入れ3点セット ¥945、スコップ ¥2,625、フォーク ¥2,520（すべてプロトリーフ）

ジョウロ／水差し
通常はジョウロで水をやるが、葉の上から水をやることができないものは水差しを使うと便利。▶ジョウロ ¥1,995（プロトリーフ）

霧吹き（スプレー）
葉水や殺虫、殺菌などのための薬剤散布時に使用。▶スプレー ¥1,200（イデーショップ 自由が丘店）

ハサミ／ナイフ
根や茎を切ったり、子株を切り分けるときに使用する。使う前には消毒を。▶ハサミ ¥2,520（プロトリーフ）

ピンセット
サボテンなどトゲのある植物の株や小さい株をつかむときに使用する。割りばしなどでも代用可。

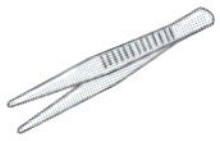

ラベル
品種名や購入日などを記入し、鉢にさす。専用のペンか鉛筆で書くと消えにくい。▶チークラベル（右）¥462、（左）¥158（プロトリーフ）

手袋
トゲがある植物を触るときに必要。手のひら部分がゴム製のものがおすすめ。▶グローブ各 ¥1,260（イデーショップ 自由が丘店）

鉢底網（ネット）
鉢穴から用土がでないようにすると同時に、鉢底から害虫が入り込まないように防除する。

ハケ／ブラシ／筆
多肉植物のホコリを払ったり、殺菌剤などを部分的につけたりするときに便利。

メッシュ（ふるい）

用土の粒の大きさをそろえるのに用いる。

part 1　多肉植物を育てる　基本の育て方

多肉植物3つのタイプ

当てはまる属はおおまかな目安です。同じ科・属でも、種類によってタイプが変わるので注意しましょう。

◀カランコエ
胡蝶の舞

ユーフォルビア▶
紅彩閣

▲カランコエ
・フミリス

夏型

生育期	春から秋
特徴	比較的暑さに強いとされており、春から夏に開花する
水やり	冬の休眠期は水やりを控える
主な原産地	アメリカ各地、南アフリカから東アフリカ、マダガスカル島、地中海沿岸、アラビア半島など
主な属	アガベ、カランコエ、クラッスラ、コチレドン、パキポディウム、サボテン科、セネキオ、フェルニア、ユーフォルビア

冬型

生育期	秋から春
特徴	蒸し暑さが苦手なタイプで、秋に開花するものが多い
水やり	夏の休眠期は水やりを控える
主な原産地	南アフリカ、ナミビア、アラビア半島の一部、カナリア諸島、マデイラ諸島など
主な属	アエオニウム、オトンナ、クラッスラ、セネキオ、ケイリドプシス、コノフィツム、リトープス、フォーカリア、プレイオスピロス、ラピダリア

ガステリア▶
リリプターナ

▲クラッスラ
・クラバータ

◀クラッスラ
赫麗

春秋型

生育期	春と秋
特徴	過ごしやすい気候を好み、開花は春先が多い
水やり	1年を通して適度な水やりが必要だが、真夏と真冬は水やりを控える
主な原産地	アメリカ各地、メキシコ、ヨーロッパ中部からロシア、アフリカ北西部など
主な属	アドロミスクス、アロエ、エケベリア、オロスタキス、ガステリア、グラプトペタルム、コチレドン、スタペリア、セダム、セデベリア、セネキオ、センペルビブム、ダドレア、ハオルチア、パキフィツム、ピラディア

▲リトープス
日輪玉

▲アエオニウム
愛染錦

◀ラピダリア
魔玉

タイプ別 年間の管理カレンダー

夏型・冬型・春秋型のタイプ別の管理方法です。まずは育てたい植物がどのタイプなのか確認しましょう。また、適切な管理は育てている場所や気候などでも変わります。このカレンダーは一般的な目安です。植物の状態を観察しながらお手入れしましょう。

	7月	8月	9月	10月	11月	12月
	風通しのよい日なた				日当たりのよい室内	
	表土が乾いたらたっぷり与える			徐々に減らす	断水	
	液肥を2週間に1回程度					
	葉ざし・さし木の適期					
	風通しのよい半日陰。雨よけが必要			風通しのよい日なた	日当たりのよい室内	
	弱い種類は1カ月に1〜2回の葉水		徐々に増やす	表土が乾いたらたっぷり与える		
				緩効性肥料を2カ月に1回程度か、液肥を2週間に1回程度		
				植え替え・株分け・葉ざし・さし木の適期		
					必要（最低5℃を守る）	
	風通しのよい半日陰。雨よけが必要			風通しのよい日なた	日当たりのよい室内	
	1カ月に3〜4回の水やり			表土が乾いたらたっぷり与える	1カ月に1〜2回の水やり	
				緩効性肥料を2カ月に1回程度か、液肥を2週間に1回程度		
				植え替え・株分けの適期		
						必要（最低5℃を守る）

この管理カレンダーは関東以西の地域での目安になります

part 1　多肉植物を育てる　基本の育て方

		1月	2月	3月	4月	5月	6月
夏型	置き場所	日当たりのよい室内か温室			徐々に戸外へ		
	水やり		断水		徐々に増やす		
	肥料					緩効性肥料を2カ月に1回程度か、	
	作業					植え替え・株分け・	
	保温	必要（最低5℃を守る）					
冬型	置き場所	日当たりのよい室内か温室					
	水やり	表土が乾いたらたっぷり与える			徐々に減らす	断水。乾燥に	
	肥料	緩効性肥料を2カ月に1回程度か、液肥を2週間に1回程度					
	作業	植え替え・株分け・葉ざし・さし木の適期					
	保温	必要（最低5℃を守る）					
春秋型	置き場所	日当たりのよい室内か温室			風通しのよい日なた		
	水やり	1カ月に1～2回の水やり		徐々に増やす	表土が乾いたらたっぷり与える		徐々に減らす
	肥料				緩効性肥料を2カ月に1回程度か、液肥を2週間に1回程度		
	作業				植え替え・株分け・葉ざし・さし木の適期		
	保温	必要（最低5℃を守る）					

●置き場所→ P18　　●水やり→ P24　　●肥料→ P25　　●植え替え→ P28　　●株分け→ P31　　●葉ざし→ P34　　●さし木→ P35

よい株を選ぶためのポイント

多肉植物を上手に育てるために、なにより大切なのは、健康で美しい株を入手すること。
そのためにも、よい株を見極めるポイントを覚えておきましょう。

植物の購入は生育期に合わせて

一般的な多肉植物は、町の園芸店やホームセンターなどで購入することができます。インテリアとしてすぐに楽しみたいなら、雑貨店やインテリアショップなどをのぞくのもおすすめです。ユニークなものや珍しいものを求めたいときには、インターネットなどを通じて、多肉植物生産の業者や個人の収集家などから直接購入する方法もあります。また、近くに多肉植物の愛好家が集う場所や趣味の会があるなら、入会することで即売会などの情報を得ることも可能です。

いずれの場合も湿度が高い梅雨時や、真夏などの植物が弱っている時期を避けます。品種の生育期に購入するようにしましょう。

購入に適した時期

多肉植物の株はそれぞれの生育期に購入します。生育期であれば、購入後、お気に入りの鉢などに植え替える際、根などに多少のダメージを与えてしまった場合でも回復が早いからです。

［夏型］
春から初夏の生育期に購入する。葉の紅葉を楽しむ場合は、秋に購入するのがおすすめ。

［冬型］
涼しくなりだす夏の終わり頃から秋の生育期が購入の適期。

［春秋型］
冬の終わりから初夏と、夏の終わりから晩秋の過ごしやすい時期に購入を。

Check! 購入した株について

市販されている多肉植物は、ポリポットとプラスチックの二重鉢で売られていることがあります。この状態だと水をやってもうまく排水されず、根にダメージを与えてしまうため、ポリポットの鉢を外すか、別の鉢に植え替えるようにしましょう。また、運搬などの都合で、用土が少なくなっていることもあります。その場合は適宜、用土を足すとよいでしょう。

購入後に管理方法などを調べられるよう、株の名前が明記されているものを選ぶ。

用土が少なめのものは、用土を追加する。

鉢が二重になっているものは、ポリポットを外すか、別の鉢に植え替えを。

よい株を購入するための7つのポイント

よい株は一般的に、葉などの色つやがよく、枝ぶりがしまっていて全体的にずんぐりしています。こういった株は根がしっかり張っていて、健康な株といえます。葉や茎の色つやや枝ぶりをポイントに確認しましょう。当然ですが、害虫や病気、日焼けや凍害の有無もチェックします。疑問があるときには、販売スタッフに確認してみるとよいでしょう。

Point 1 全体的に徒長していないものを選ぶ。

Point 2 害虫、病気がないものを選ぶ。

Point 3 日焼けなどの生理障害がないものがよい。

Point 4 葉、茎の色つやがよいものを選ぶ。

Point 5 株の根元がぐらついたり、抜けたりしていないもの。

Point 6 生長期に購入する。

Point 7 信頼できるショップや生産業者を選ぶ。

トライ！ 特定の種類はココもチェック！

ウチワサボテン
形がいびつなものは避け、丸く美しいものを選ぶとよい。

ハマミズナ科
丸みがありふっくらしたものを選ぶとよい。写真はコノフィツム宝殿玉。

ベンケイソウ科
茎の間が徒長しているものは避け、上から見て全体が円形になっているものを選ぶとよい。写真はアエオニウム真黒法師。

生育を助ける置き場所

水分の多い多肉植物は多湿に弱く、太陽の光を好みます。季節や状況に合わせて置き場を工夫し、多肉植物に適した環境を作りましょう。

日当たり、風通しのよい場所に

植物は太陽光で光合成を行い生長します。そのため多肉植物も、ほかの植物と同様に日当たりのよい場所を好みます。多肉の種類や季節によっては、半日陰に移動させるほうがよいこともあります。半日陰とは、直射日光は当たらないけれど明るい場所のことです。

また、一般的に多肉植物は多湿に弱いため、風通しがよく鉢内の水が乾きやすい環境が最適です。とくに、雨期や盛夏など高温多湿になりやすい時期は、状況によって、扇風機などを使い人工的に風通しをよくしてやる方法もおすすめです。ただし、風が強すぎると、葉を傷めたり鉢が倒れたりすることがあるので注意しましょう。

日照条件が影響する生理現象

多肉植物は日の当たり具合で、草姿や葉の色に影響が出てきます。よく見られる生理現象を知っておきましょう。

涼しい時期に日に当てて葉を色づかせる

多肉植物には秋から冬にかけて紅葉するものがあります。暑さが和らぐ9月下旬から春先まで、しっかりと太陽の光に当てることで葉が色づきます。

緑色の紅葉前と紅葉後のクラッスラ火祭り

置き場所 紅葉は昼夜の温度差で起きるものなので、暖房で暖まった部屋では紅葉しにくくなります。戸外の日当たりのよい場所、暖房の効きすぎていない室内の明るい窓辺などに置くとよいでしょう。また、きれいに紅葉させるには、この時期の水やり、肥料を控えめにすることも大切です。

日照不足で起きる「徒長（とちょう）」

植物の枝や茎が間延びしたようにヒョロヒョロと伸びてしまう状態を徒長といいます。徒長した株は軟弱で、病害虫の被害を受けやすくなったり、風で倒れやすくなります。

鉢内が株で込みあい、茎が徒長してしまったクラッスラ sp.

置き場所 徒長は日照不足が原因です。また多肉植物の場合は、水のやりすぎや、鉢内が込みあった株で起こることもあります。徒長を防ぐには、日当たりがよく、通風が確保された水の乾きやすい場所で管理するとよいでしょう。

part 1　多肉植物を育てる　基本の育て方

植物のタイプ別　四季の置き場所

夏型、冬型、春秋型の３つのタイプごとに、季節にあった置き場所を知っておきましょう。どの季節でも高温多湿にならないようにすることがポイントです。

冬型

 春　4月中旬頃から風通しのよい半日陰に。日中も涼しい場所がよい。

 夏　風通しのよい戸外で、明るい半日陰に置く。直射日光は厳禁。梅雨時は雨よけが必要。基本は断水だが、小さな株は土が乾いたら水を与える。

 秋　戸外の日なたで管理し、気温が10℃以下になったら、霜に当たらないよう室内か軒下に移動させる。

 冬　風通し、日当たりのよい室内で、暖房の熱、加湿器などが直接当たらない場所に置く。リトープス、コノフィツムなどの玉型メセンは、とくに通風を心がける。

クラッスラ
玉稚児

夏型

 春　4月に入り暖かくなり始めたら室内管理のものを戸外へ。徐々に太陽光に慣れさせ、風通しのよい日なたに移動させる。

 夏　一般のものは風通しのよい場所で初夏の日射しによく当てる。クラッスラ、コチレドン、小型アロエは真夏の直射日光を避ける。梅雨時は雨よけをしたほうがよい。

 秋　直射日光を避けていたものも、9月中旬頃から日なたで、たっぷり日射しに当てる。11月頃からは断水し室内へ移動させる。

 冬　風通し、日当たりのよい室内に移動させ、暖房の熱、加湿器などが直接当たらない場所に置く。ときどき鉢を回してまんべんなく光を当てるとよい。

カランコエ
月兎耳

春秋型

 春　4月に入り暖かくなり始めたら室内管理のものを戸外へ。徐々に太陽光に慣れさせ、風通しのよい日なたに移動させる。

 夏　風通しのよい半日陰で、梅雨時は雨よけが必要。初夏の日射しはよいが、7～8月の直射日光は避ける。

 秋　戸外の日なたで管理し、10℃以下になったら、霜に当たらないよう室内か軒下に移動させる。セダムの多くは1年中戸外でもよい。

 冬　日当たりのよい室内に移動させ、暖房の熱、加湿器などが直接当たらない場所に置く。通風を心がけ、ときどき鉢を回してまんべんなく光を当てるとよい。

エケベリア'パーティードレス'

夏越し・冬越しのための管理

多肉植物には気温の下がる時期に生育する冬型種もありますが、一般的には冬季の活動はゆるやかです。春以降、丈夫な株に育てるためには、季節ごとに置き場所や水やりに注意して管理しましょう。

夏越しのためのポイント

高温多湿の状態にならないよう注意します。株全体に熱がこもらないよう遮光、通風を保ち、土が乾いてからたっぷり水を与えます。

戸外
梅雨時は軒下など雨のかからない場所に置くか、屋根のある場所に取り込む。真夏の直射日光は葉焼けの原因となるため、日がよく当たる場所では遮光が必要。温室栽培の場合は遮光と通風を保ち、高温になりすぎないよう注意を。水やりは夕方以降にし、夜になっても無風で気温が下がらないときは、人工的な通風で水分を蒸発させ、株全体を冷やす。

室内
風通しがよく、明るい日射しが差し込む窓辺などに置くのがベスト。冷房の直風は避ける。昼間、冷房なしで閉め切った部屋は高温になりやすいので、その場合は直射日光を避けて戸外に。浴室は温度の急上昇、急降下があり多湿になりやすいので不適切。水やりは、鉢底から水が流れるまでたっぷり与えるため、戸外やベランダに移動して行うのが理想的。

ベランダ
鉢をコンクリートの上に直置きすると高温になりやすいので、木の棚などに乗せる。水やりの際は、棚の上段の鉢に与えた水が、下段の鉢に流れないように注意する。エアコンの室外機の温風は避ける。風が通らない場所では扇風機などで風を送るとよい。高層マンションのベランダや、台風の多い時期は強風対策も必要。

真冬と真夏の管理に注意する

多肉植物は冬の寒さでダメージを受けてしまうことが多いため、これまでは冬越し対策に重点が置かれてきました。しかし近年は、温暖化の影響で日本の夏は年々、熱帯化が進み、高温多湿が苦手な多肉植物には過ごしにくい環境になってきています。とくに、関東・関西の大都市圏では、冬越し対策よりも夏越し対策に気を配るほうがよいでしょう。

夏は強い日射しを避け、蒸れないようにすることが大切です。昼間の水やりは鉢内を高温多湿にしてしまうので、気温が下がる夕方以降に行います。真夏は鉢を冷やすつもりで管理します。

冬は室内に移しますが、室内での日中と夜間の温度差に注意します。

part 1　多肉植物を育てる　基本の育て方

冬越しのためのポイント

霜に当てず凍らないように管理することが基本です。関東地方以西の平地であれば、置き場所の工夫で戸外でも冬越しが可能。寒冷地では温室での管理が理想的です。

寒冷地

寒冷地とは、冬の寒さがとくに厳しい地域のことで、日本では北海道、東北地方、信越地方を指すのが一般的。日中の外気が5℃以下になってしまうことが多い地域では、温室管理が理想。基本は水やりを控えるが、熱帯地方原産の種類は加温を必要とするものもある。できれば、温度と湿度が管理できる温室設備を整えるのがおすすめ。温室がない場合は、暖房のない室内に移動させるか、発泡スチロールなどに入れる。

戸外
耐寒性がある種類なら日当たりのよい戸外でもOK。ただし、鉢植えのものは霜や雪に当たらないようにする。冬は水やりの回数を減らすことで、寒さに耐える状態になる。

ベランダ
耐寒性がある種類ならベランダでもOKだが、室外機の風が当たらない場所に置く。真冬は室内に移動させるほうが安心。霜や雪に当たらないようにする。

寒冷地以外

室内
日当たりのよい窓辺で、暖房器具の影響が少ない場所に置く。室温がグッと下がる夜間は窓辺から離し、発泡スチロールやダンボールの箱に入れて保温を。日中と夜間の温度差でダメージを与えないようにする。

❶ 昼間は日の当たる窓辺などがベストな環境。ただし、暖房が効きすぎる部屋は避けたほうがよい。

❷ 夜間は、ダンボールや発泡スチロールなどの箱をかぶせ、冷気が伝わる窓辺から離す。

❗ 温室管理の注意点

広さ
設置する温室のサイズが小さくて狭いと、昼夜の温度変化が大きくなり、ダメージを受けやすくなる。急な温度変化をさけるため、設置場所にあわせて、できるだけ大きいものを選ぶ。

温度・湿度
簡易温室であっても、温度計・湿度計を設置できるとベスト。冬はビニールを二重にするなどして保温するとよい。夏は扇風機などで換気して高温になりすぎないようにする。遮光もできるようにしておく。

生育パターン
より本格的に多肉植物を育てるなら、夏型と冬型など生育パターンがまったく異なるものは、別々の温室で管理するほうが望ましい。それが無理な場合は、季節や日照り状況にあわせて、植物を移動させる。

栽培に最適な用土の準備

人間の衣食住にたとえると、用土は植物にとって住まいになります。湿気が多く、風通しが悪い住まいは、人間にもよい環境とはいえません。多肉植物が気持ちよく育つための用土を選びましょう。

植物に合わせて土をミックス

多肉植物の用土は、少し前まで川砂がよく使われていました。しかし最近では、複数の土をミックスしたものが用いられています。よくあるのは、赤玉土、鹿沼土、日向砂（ひゅうがど）などをメインに、植物の状態に合わせて、腐葉土（ふようど）やバーミキュライト、ケイ酸塩白土などをプラスしたものです。

手軽なものでは、多肉植物用の土も市販されています。赤玉土や鹿沼土を中心に、各種の改良土や肥料などが混ぜ込まれているものです。そのまま使うほか、植物や育てる鉢に合わせて、さらに改良用の土を混ぜることができます。配合の割合はメーカーにより少しずつ違います。いろいろなものを使い、各メーカーの特徴を知るとよいでしょう。

Check! 植物にとってよい土とは？

多肉植物にかぎらず、植物にとってよい土とはどんなものかを知ることは、植物の状態に合う土作りのヒントになります。

保水性・保肥性がよい

排水性がよすぎると、与えた水がすぐに乾いて根の先が乾燥してしまい、植物が弱る原因になる。肥料も同じで、水やりや雨ですぐに流されてしまっては与える意味がない。

通気性・排水性がよく、適度な重さがある

通気性は土中の有用菌類の活性化を促し、有機物の分解を進めるのによい。また、余分な水が鉢底にたまらないことも大切。土が軽すぎると水やりなどで植物がぐらつき、根の活着が悪くなり、逆に重すぎると通気性が悪く根にダメージを与えることになる。

成分に偏りや異物混入がない

育てる植物によって、適切な土の酸度（土壌酸度）は違うが、アルカリ性が強すぎると根の養分吸収が悪くなり、酸性が強すぎると根の生育障害が起こることがある。有機物を適度に含む土は根の生育を促すが、有害な病原体、害虫、雑草のタネなどは生育障害の原因になるので注意する。

多肉植物の栽培でよく使われる土

[基本の土]

日向砂
日向土とも呼ばれ、通気性が非常によく、保水力もある。弱酸性で鹿沼土よりも硬質である。

軽石
多孔質で軽い砂礫。水はけがよく、性質や用途は日向砂とほぼ同じ。

赤玉土
弱酸性で有機質を含まない、火山灰土の赤土を粒径にふるい分けしたもの。大、中、小とサイズ別に市販されている。

鹿沼土
酸性で、有機質をほとんど含んでいないとされる。通気性、保水性が高いのが特徴。乾いているときは白っぽいが、水分を含むと黄色になる。

[改良用の土]

ピートモス
水苔、ヨシなどが堆積してできた弱酸性の用土で通気性を高める。保水性、保肥性もある。

ケイ酸塩白土
白色の粒や粉末で販売されている。多孔質で保肥性が高い。鉢底などに敷いて、根ぐされ防止にも用いられる。

バーミキュライト
鉱石の蛭石を高温焼成したもの。保水性、保肥性に富む。無菌なのでさし木やタネまき時にも利用されることが多い。

腐葉土
広葉樹の落ち葉を腐熟させたもの。通気性、保水性、保肥性に富む。微量要素を含むため、微生物の活性化を促す。完熟品を選ぶことが大切である。

トライ！ 市販の土をさらに改良してみよう！

多肉植物専用土を植物の状態にあわせて、さらにベストな状態の土にしてみましょう。

改良 3　微酸性にしたい
極端なアルカリ性、酸性にするのはよくないが、サボテンなどには有機物の吸収をよくするため、微酸性程度がよいとされる。石灰が多い土はアルカリ性が強い。

➕ プラスする土

鹿沼土　　無調整ピートモス

改良 2　排水性をアップしたい
とくに乾燥が好きな品種を育てたり、排水性が悪いプラスチック製の鉢を使用する場合は排水力を高めるとよい。

➕ プラスする土

日向砂　　軽石

改良 1　保水性をアップしたい
やや水を好む植物を育てるときや、乾きやすい素焼き鉢を使用する場合は保水力を高めるとよい。ただし、多湿状態は避ける。

➕ プラスする土

バーミキュライト　　腐葉土

ダメにしないための水と肥料の与え方

水やりは植物を上手に育てるためにとても大切な作業です。また、鉢で植物を育てる場合には、上手に肥料をやることで植物の美しさが変わってきます。それぞれ、適度な回数や分量などを知っておきましょう。

水やりは与えすぎに注意する

水やりは植物の状況に合わせて工夫することが大切ですが、鉢の中の状態は目で見られないため、水のやりすぎで植物をダメにしてしまうこともあります。とくに多肉植物は、普通の草花のように、毎日水やりする必要はありません。「水やりは控えめ」と心がけましょう。

生育期は土の表面が乾いたらたっぷり与えます。竹串を利用して、水やりのタイミングを確認する方法もあります（下図）。梅雨時は高温多湿を避けるため、鉢内の土が乾いてから。休眠期は基本的に断水ですが、乾燥に弱いものには月に1～2回程度、葉水（→P172）を与えるとよいでしょう。地植えの場合は、雨天時の水やりは必要ありません。

上手な水の与え方

Point 1　季節によって水やりの時間を変える

生育期は午前中に水をたっぷり与える。ただし、日射しが強く蒸し暑い夏は、葉の上や芯に残った水分が葉焼けや蒸れ、腐敗の原因になるため、夕方以降の水やりにする。冬場の寒い時期は、夜間に温度が下がると植物体内の水分が凍ることがあるため日中に与える。

土に竹串をさしておき、ときどき抜いて湿り具合を確認する。生育期は、竹串が80％程度乾いた状態を目安にして水やりをするとよい。

Point 2　水は株の根元にたっぷりと

鉢内の土がしっかり乾いたら、株元に鉢底から水があふれ出るぐらいたっぷり与える。こうすることで、根から出る老廃物を流し、鉢内に新しい空気を送り込むことができる。戸外管理で植物が汚れてしまったときには、ノズルでやや強めに放水して植物についた汚れを落とすこともある。

Point 3　休眠期は控えめにして、必要なら葉水を与える

休眠期は植物体内の水分を少なくしておくのが基本。水やりを控えめにするか、場合によっては断水状態でもかまわない。冬に室内で管理している場合、空気の乾燥が激しいようなら葉水を与えてもよい。

水滴が葉につくと葉焼けを起こすことも。ジョウロのハス口を外すと、水が葉にかからず水やりできる。

肥料はほかの草花より控えめに

植物は肥料をたっぷり与えるほうがよく育つと思われがちです。しかし多肉植物は、もともと砂地など栄養分が少ない土で生育しているものが多いうえ、草花や野菜などに比べると育ちが遅く、それほど多くの肥料を必要としません。紅葉する種類の場合は、肥料分が多いときれいな紅葉を楽しめないこともあります。

一般の植物よりは控えめにしましょう。

基本は、植え替えをするときに与える元肥と、生育期の追肥です。元肥には、ゆっくりとした効き目が持続する緩効性肥料を、追肥には手軽な液体肥料がおすすめです。分量は植物の種類や鉢の大きさによって異なりますので、その肥料の使用方法を確認して与えるようにしましょう。

なお、植物に欠かせない栄養分は、窒素・リン酸・カリウムです。多肉植物の肥料は、この3つにカルシウムやマグネシウム分を加えたものが一般的です。

＜知っておきたい肥料の種類＞

植物に欠かせない肥料の三要素

N 窒素
葉や茎の生育に作用する。窒素が多すぎると病気にかかりやすい軟弱な株になる。

K カリウム
根の生育に作用する。水で流れやすいので追肥で与えるとよい。

P リン酸
花や実をつける生育に作用する。土壌中の含有量が低いため肥料で与える。

● **化成肥料**
無機物が主な原料。複数の原料を使って化学的操作や造粒などによって作られているものが化成肥料で、三要素のうち2つ以上が含まれる。

● **有機質肥料**
動物の糞や骨、植物などの有機質が原料。各種の微生物の力で土の中で分解されてから植物に吸収される。効き方はゆっくりだが、持続性が長いため元肥に用いることが多い。

● **速効性肥料**
効き目が表れるのが早い肥料。効果の持続期間は短い。おもに液体のものが多く、追肥として与えるとよい。

● **緩効性肥料**
成分がゆっくり浸透し、ある程度の期間効き目が持続する肥料。おもに固形のものが多く、元肥に使うとよい。

【注意】使い方、分量は肥料により異なる。肥料を用いる際は、必ずラベルや説明書の使用方法に従う。

上手な肥料の与え方

Point 1 植え替え時には元肥を

植え替えなどをする場合には、土の中に先に肥料を混ぜ込んで元肥とする。ただし、市販の多肉植物の土を使用する場合はすでに肥料分が加えられていることが多いので、さらに混ぜ込む必要はない。

植え替え時には土に緩効性肥料を混ぜる。これが元肥になる。

Point 2 生育期間中は液体肥料を施す

土に含まれる肥料分は、植物の生育とともに失われていく。そのため、生育が活発な時期は少量の肥料を与えるとよい。休眠期には与えない。

液体肥料は、水で薄めるものとそのまま使用できるものがある。生育期間中には2週間に1回程度与える。

病虫害のトラブル対策

多肉植物は、ほかの植物に比べると病虫害は少ないとされています。しかし、多様な種類を含むのでいろいろな病虫害の被害もあります。また、温室で管理しているものは、戸外で管理しているものに比べて病虫害に弱くなりやすいので注意が必要です。

病虫害を発見する3つのチェックポイント

病害虫は早期発見、早期対処がいちばん。病気になってしまうと、その植物だけでなくまわりにあるほかの植物にも感染させる恐れがあります。日頃から植物の様子を観察しておきましょう。

Point 1 葉を観察
- 白い粒状のものがこびりつく ➡ カイガラムシ
- 穴があくなどの食害 ➡ ナメクジ
- 葉がかすり状になる ➡ ハダニ
- 葉裏に小さい虫がつく ➡ アブラムシ、コナジラミ
- モザイク状の濃淡ができる ➡ モザイク病
- 変色しブヨブヨする ➡ 軟腐菌
- 斑点ができる ➡ サビ病
- 全体的に白くなる ➡ カイガラムシ、ウドンコ病

Point 2 枝、茎を観察
- 全体的に白くなる ➡ カイガラムシ
- 細かい虫がつく ➡ アブラムシ
- 変色しブヨブヨする ➡ 軟腐菌

Point 3 地際部、地下茎を観察
- コブができる ➡ ネマトーダ
- 地際部分が変色する ➡ 軟腐菌

注意したい 病気

□ 軟腐病（なんぷびょう）
症状 梅雨時に発生しやすい。細菌が葉や茎の傷口から侵入し、繁殖すると腐敗して悪臭を放つ

対処法 被害株はほかの株に感染する前に抜き取って用土ごと処分する。予防には苦土石灰粉を土にまくのが有効

なりやすい種類 多肉植物全般。とくに玉型メセン類、ハオルチアなど

□ 日焼け・葉焼け
症状 強い光で起こるやけど。症状がひどいものは傷あとが残ったり、腐敗の原因になる

対処法 軽いものは日陰に移動させる。日射しの強い夏は遮光して光を和らげる

なりやすい種類 日陰から急に強光下にさらした株、斑入り種、直射日光に弱い種類

□ ウドンコ病
症状 初夏または秋に発生しやすく、白カビのような粉が葉につき、生育を妨げる

対処法 発生時期に合わせて薬剤散布する。葉の裏表に散布すると効果的

なりやすい種類 葉ものの多肉植物全般

□ 根ぐされ
症状 鉢内が多湿状態や根づまり状態であると、株元や茎が変色し生育を妨げる

対処法 被害部分を取り除き、根を乾かしてから植え替える

なりやすい種類 多湿状態の株、根づまり状態の株

part 1　多肉植物を育てる　基本の育て方

注意したい 害虫

□ カイガラムシ

症状 体長1～5mm程度。殻つき、ロウ状、白いワタ状など種類が多く、吸汁で生育を妨げる

対処法 かたい成虫は歯ブラシなどでけずり取る。孵化したばかりの幼虫は薬剤散布が効果的

つきやすい種類 サボテン

□ ネマトーダ

症状 根にコブをつくり、新根の発生を妨げる

対処法 不衛生な用土や腐葉土から植物につくことがある。被害株は根を切り取って植え替える

つきやすい種類 サボテン、多肉植物全般

□ コナジラミ

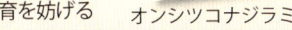

症状 体長1～2mm程度。繁殖力が旺盛で、鉢底から鉢底へ広がる。根やトゲで吸汁し生育を妨げる

オンシツコナジラミ

対処法 植え替え時に浸透移行性薬剤を用土に散布して予防。被害株は根を切り取って植え替える

つきやすい種類 多肉植物全般

□ アブラムシ

症状 体長1～2mm程度。繁殖力が旺盛で、吸汁で生育を妨げる

対処法 植え替え時に浸透移行性薬剤を株元に散布して予防。見つけたら薬剤散布が効果的

つきやすい種類 多肉植物全般

□ ナメクジ

症状 食害。葉だけでなく、花も食べてしまう

対処法 塩で退治できるが、塩は植物にとってもよくないため、専用の駆除剤を使うほうが無難。ビールで誘引し捕獲する方法もある

つきやすい種類 多肉植物全般。とくにサボテン、メセン類

□ ハダニ

症状 体長0.5mm程度。梅雨から夏の間が繁殖期。吸汁で生育を妨げる

カンザワハダニ

対処法 見つけたら水をかけて駆除。薬剤の場合は、同じものをくり返し使用していると効きめがなくなることもある

つきやすい種類 葉ものの多肉植物全般

⚠ 薬剤を散布するとき

薬剤を用いる場合は、その植物や、予防・駆除したい病虫害に対応しているかを薬剤本体のラベルで確認しましょう。使用方法も必ず遵守します。

同じ病害虫を駆除する薬剤でも、適用する植物によっては、葉焼け、変色、生育阻害を起こすといった薬害が生じることがあります。薬害は、散布量、気象、濃度などの条件に左右されるだけではなく、植物の種類や生長状況によっても異なります。はじめて使用する薬剤は、葉の一部分などに試し散布し、様子を見てから使うとよいでしょう。

病虫害対策の 薬剤

□ オルトランDX粒剤

対象の病害虫 アブラムシ類、ミカンコナカイガラムシなど

□ バロックフロアブル

対象の病害虫 ハダニ類

□ ベニカマイルドスプレー

対象の病害虫 アブラムシ類、ハダニ類、コナジラミ類、ウドンコ病

写真協力／住友化学園芸

元気に育てていくための植え替え

買ってきたままの多肉植物は、上手に管理すると大きく育っていきます。育った植物は、ひとまわり大きな鉢に植え替える（移す）ことで、さらにしっかりした株に育てることができます。

植え替えの適期を知っておく

鉢植えの植物を長い間そのままにしておくと、根が鉢内に広がり老廃物が蓄積されます。土は栄養分が欠乏し、透水性や排水性が悪くなってきます。植物にとっては呼吸しにくい状態といえるでしょう。こうなると、生育に悪影響を与えるだけでなく、根ぐされなどで株自体が枯れてしまうこともあります。

植え替えのいちばんの目的は、鉢内の土を新しくし、植物が新鮮な土を通して栄養や水分を吸収しやすくすることです。そのためにも、年1回、生育期の直前に植え替えを行うのが理想的です。植え替えの際には、古くなった根や土を整理しますが、このとき病虫害の確認をするのも大切な作業です。

失敗しない植え替えのポイント

土は清潔なものを使う

清潔で病虫害の影響がない土に植え替えることが基本。通気性、保水性、保肥力があるものがベストで、市販されている多肉植物用の土を使えば手軽にできる。葉が傷んでいたり、生育期に育ちが悪いものは、土の状態が悪いことが考えられる。

植え替えは生育期の前に

植え替えは生育期の直前に行うのがベスト。一般的には春か秋に行うが、生育スピードが早い小さな株は、春と秋の2度行うとよい。3～5年育ったものなら1年に1度。それ以上のものは2年に1度を目安にして、鉢内が株でいっぱいになったものを植え替える。

古い土や根を整理する

古い土はできるだけ除去する。根も黒や茶色の古いものは思い切って取り除いてOK。根の切除や株分けで使うハサミやナイフは、病気感染を防ぐため消毒してから使用する。刃先を火であぶるか、第三リン酸ソーダ系の消毒剤に浸す。

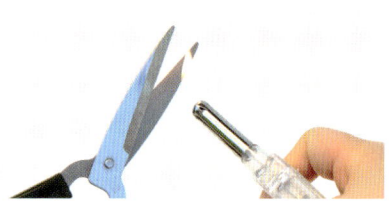

作業前は数日断水する

根のダメージを少なくするために、植え替え前の10日間程度は水やりをやめて、鉢内の土を乾かしておく。株が鉢から抜けないときは、無理に引っ張らずに、鉢のまわりをゴム製ハンマーなどで軽く叩くとよい。

part 1　多肉植物を育てる　基本の育て方

基本の植え替え

植え替え

ほとんどの植物に共通した植え替えの方法です。大きく育てたい場合は、ひとまわり大きな鉢に植え替えます。大きさを保ちたい場合は、元の鉢に植え直してもかまいません。

エケベリア
野ばらの精

1

鉢から株を抜き、根鉢をくずす。

2

古い土を落とし、傷んだ根を清潔なハサミでカットする。

Point

軽く引っぱって取れてしまう根は傷んでいる証拠。

3

できるだけ古い土と根を取り除き、太くて白い健康な根を残す。

4

元の鉢よりも大きめの鉢に乾いた土を入れ、植えつける。

Point

株がぐらつかないように、根を広げて植えつけるとよい。

5

半日陰に置いて管理し、3～4日後から水やりを行う。

45日後の様子

株がひとまわり大きく育ってきた。明るく風通しのよい場所に置き、鉢内が蒸れないように管理する。

寄せ植えの植え替えについて

植物は種類によって生育の速度が異なります。そのため、寄せ植えしたときにバランスよく整えられたものでも、数カ月経つと形がくずれてきます。また、夏型、冬型など管理方法の違うものが一緒に植えられている場合は、鉢全体が弱ってしまうこともあります。

最初に作られた姿を保ちたい場合は、4～5カ月程度で植え替えをするとよいでしょう。茎がだらしなく伸びてしまったものや、子株が出てきたものは、伸びた枝や茎を切り戻したり、株分け（→P31）をしながら植え替えるとよいでしょう。

お気に入りの株の殖やし方

多肉植物を育てる楽しみのひとつが繁殖です。多肉植物の繁殖はとても簡単で、葉や茎から殖やしていくこともできます。お気に入りの株を上手に殖やし、寄せ植えなどに利用するとよいでしょう。

植物に適した殖やし方を知る

多肉植物は原産地の環境が過酷なためか、親株の根元からたくさんの子株を出したり、落ちた葉から芽吹いたり、あるいは伸びた茎から根を出したりと、生命力の強いものが数多くあります。発根、発芽しやすい植物のため、初心者でも株を殖やすことはそれほど難しい作業ではありません。

繁殖の作業は、育てている植物の生育期に行うようにしましょう。殖えたものは、寄せ植えなどのアレンジを楽しむときに利用できます。ごく稀に「枝変わり」と呼ばれる変わった葉や、斑入りなどの突然変異が発生することもあります。これも多肉植物を殖やしていく面白さのひとつといえるでしょう。

株を殖やすための方法

繁殖にはいくつかの方法があります。植物によって向いているもの、向いていないものがありますので、何度かチャレンジして成功しやすい方法を探してみましょう。

- **株分け** ▶▶P31〜33
  株を分けて殖やす方法で、植え替えのときなどに行うとよい。

- **葉ざし** ▶▶P34
  葉を土にさして発根・発芽させる方法。簡単だが肉厚で大きい葉は不向き。

- **さし木** ▶▶P35〜36
  茎を切って土にさす方法。成功しやすい繁殖方法。

- **胴切り** ▶▶P36
  柱状の茎や幹を横に切って発根・発芽させる方法。サボテンなどによく行う。

- **たて割り** ▶▶P37
  茎の中心をたてに切り、子株を出す方法。切り目の位置、深さなどで失敗することもある。

上手に殖やすための6つのポイント

- **Point 1** 充実した株の生育期に行う
- **Point 2** 清潔な土を用意する
- **Point 3** 繁殖のためにカットした茎などは切り口を乾かしてから利用する
- **Point 4** 梅雨時は腐敗を防ぐため、切り口に殺菌剤を塗るとよい
- **Point 5** さし木、葉ざし後は、半日陰の温暖な場所で管理する
- **Point 6** 水やりは発根するまで待つ

part 1　多肉植物を育てる　基本の育て方

殖やす① 株分け

群生タイプの株分け

子株が殖えて鉢がいっぱいになったものは、植え替えの際に株分けができます。群生のまま育てたい場合は、根鉢をくずさず、そのまま大きめの鉢に植え替えるとよいでしょう。

ハオルチア・オブツーサ

こんな方法もあります！

❶

大株の回りに小さな新芽がたくさんでるタイプは、新芽をピンセットでつまんで取る。

❷

そのまま乾いた土の上に置き、発根したら水やりを行う。写真はカランコエ sp.

同じ株分けタイプの仲間

親株のわきから子株がたくさんつきやすいものは、この方法で株分けできる。同じ属でも子株がつきやすいもの、つきにくいものがあるので、生育の様子をみて判断する。
・アロエ→ P116
・アガベ→ P158
・エケベリア→ P84
・センペルビブム→ P92
・セダム→ P104
・ハオルチア→ P148

3

分けた子株は古い土を落とし、傷んだ根をすべて取る。

Point

茶色の古い根は取り、太くて白い健康な根を残す。

4

鉢に乾いた土を入れて、根を広げるようにして植えつける。

5

半日陰に置いて管理し、4〜5日後から水やりを行う。

1

株を鉢から抜き、ていねいに根鉢をくずす。

2

子株をばらすように分ける。子株の健康な根が切れないように注意する。

45日後の様子

ハオルチアは生育がゆっくり。明るい半日陰や室内の日当たりのよい場所に置き、過湿にならないように注意して管理する。

殖やす② 株分け

ランナーで殖えるタイプの株分け

細い茎をランダムに伸ばして新芽をつけるタイプは、その茎を切り取って植えつけることで殖やせます。新芽から根が出ているときは、根をつけたまま植えつけます。

オロスタキス
コモチレンゲ

1

親株からランナーと呼ばれる細い茎をつけて飛び出しているのが新芽。

ランナー

2

ランナーの根元を清潔なハサミでカットし、新芽を分ける。

3

親株から切り離した新芽。ランナーを土にさせるくらいの長さにカットする。

4

乾いた土に新芽を置く。半日陰に置き、4〜5日後から水やりを行う。

45日後の様子

浅い鉢皿内の土で発根した新芽は鉢に植え替え、そのまま育てる。コモチレンゲの場合、冬の時期は寒さで縮んだように見えることもあるが、春になると生育が活発になる。

親株もひとまわり大きく生育し、新たなランナーをつけている。

📌 同じ株分けタイプの仲間

・センペルビブム赤巻絹

葉先に綿毛がつき赤く色づく。耐寒性があるため1年を通して戸外栽培が可能。夏の高温多湿には弱いため注意する。

・センペルビブム巻絹

強い日射しでも耐えられるが、夏場は蒸れないよう風通しのよい場所に置く。繁殖の適期は春から初夏。→ P92

part 1 多肉植物を育てる　基本の育て方

殖やす③ 株分け

地下茎のあるタイプの株分け

地下茎とは土の中に伸びる茎のことで、根とは区別されます。地下茎で殖える植物は親株の近くではなく、離れた場所に新芽を出すことがあります。

ハオルチア
瑠璃殿

1 地下茎が育ちすぎて、鉢の下から新しい株が出てしまっている。

2 鉢から株を抜き、枯れた葉や花茎などを取る。

Point
鉢底の子株が抜けない場合はカットする。

3 地下茎は根よりも太く生長し、節がついている。

4 古い土と根を取り、地下茎に新芽がついている場合は、地下茎を1cmほど残して新芽を切り離す。

5 鉢に乾いた土を入れて、元の株を植えつける。

6 子株は土の上に置いて発根させる。

↳ 45日後の様子

親株はゆっくり生育する。子株は根が伸びたら鉢に植えつけ、明るい半日陰に置く。土が乾いたらたっぷり水を与え、冬は乾かし気味に管理する。

同じ株分けタイプの仲間

・サンセベリア sp.
地下茎の先に出ている新芽を切り離して土の上に置くと発根する。元の株は地下茎と傷んだ根をカットして植えつける。

ここをカットする　新芽

殖やす④ 葉で発根・発芽させる葉ざし

葉ざし

形が乱れてきた株は葉ざしで発根させ、新株を育てましょう。葉が取れやすいものは、たいてい葉ざしで殖やせます。大きな葉よりも小さい葉のほうが発根・発芽しやすくなります。

グラプトペタルム
白牡丹

1

株から葉を取る。つけねからはがすように下葉を取る。

Point ○ ×

葉が途中で切れると発根しないため、つけねを残す。

2

同じように、葉ざしにする葉を数枚取る。

3

鉢皿などに乾いた土を入れ、さし葉のつけねが土に触れるように置く。明るい日陰で管理する。

Point ×

土の中に深くさしてしまうと、発根、発芽しにくくなる。

4

土の上で発芽・発根したさし葉。これを土に植えつけ、水を与える。

5

発芽したものを土に植えつけるときは、新芽のギリギリのところまで入れる。

葉ざしに向くもの

・エケベリア初恋
エケベリアのほとんどは葉ざしができる。葉が大きくなると成功しにくいので、小さい株の葉を選ぶとよい。→ P88

・パキフィツム青星美人
青星美人は発根しやすいが発芽には時間がかかることも。強い日射しに当てず、発根したら水を与えて3〜4カ月様子をみる。
→ P111

・グラプトペタルム都の霞
葉ざしで出た新芽はさし葉に含まれた水分で育つ。さし葉はからからになって枯れる状態まで取らずにつけておく。
→ P91

part 1　多肉植物を育てる　基本の育て方

殖やす⑤ さし木

茎から発根させるさし木

木立性の多肉植物の多くは、カットした茎を土にさす、さし木で殖やすことができます。さし木で殖やしたい土にさす部分は下葉を落としておきましょう。切り口を乾かし、土にさす部分は下葉を落としておきましょう。水やりは発根するまで控えます。

1 土にさす部分を1〜1.5cmほど残して茎を清潔なハサミでカットする。

2 カットしたさし穂は日陰に置いて切り口を乾かす。

3 土にさす部分についている葉は取り除いておく。

4 乾いた土にさし穂をさし、明るい日陰で管理する。2〜3週間で発根し、新芽が動き出すので、水やりを行う。

45日後の様子

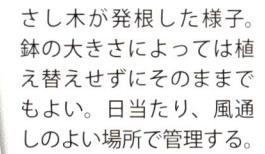

さし木が発根した様子。鉢の大きさによっては植え替えせずにそのままでもよい。日当たり、風通しのよい場所で管理する。

クラッスラ
花月

Point

❶ さし穂は切り口を乾かす方法のほかに、切り口が乾く前に熱したロウをつけてもよい。

❷ 切り口をふさぐと、切り口が熱で殺菌され雑菌の侵入を防げる。ロウをつけた場合はそのまますぐに土にさす。

さし木に向くもの

・クラッスラ銀揃 
発根後は風通しのよい場所で管理する。とくに気温の高い時期は鉢内が蒸れないように注意する。さし木の適期は春と秋。→ P101

・セデベリア群月冠
さし木の適期は春先から初夏。発根後は日の当たる場所に移動させると丈夫に育つが、真夏の直射日光など強光は避ける。→ P89

・アエオニウム小人の祭り 
発根したら風通しのよい明るい場所に置き、水やりは控えめに管理する。葉ざしはできない種類で、さし木の適期は秋。→ P114

・セダム黄麗 
発根したあとは水を与え、徐々に日の当たる場所に移動させる。新芽がどんどん出始めれば、年間を通して屋外管理でもよい。→ P106

殖やす⑦ 胴切り

柱状サボテンなどの胴体を横にカットして発根させます。元気な部分をカットしましょう。

サボテン

殖やす⑥ さし木 空中発根

空中発根はさし穂を土にささずに発根させる方法で、さし木の一種として扱っています。

エケベリア sp.

1 柱状サボテンの胴体を、緑色の部分の下でカットする。

2 カットした頭部は風通しのよい明るい日陰に、そのまま置いておく。

60日後の様子

切り口から発根した様子。これを乾いた土に置き、3～4日後に水をたっぷり与える。その後は通常通りに管理する。

元の株も切り口がふさがる。

1 元の株からさし穂を切り取る。

2 2本のストローの両端を結んだものに、さし穂をはさみ、器に浮かせる。

60日後の様子

空中に浮いた切り口から発根。発根したものは土に植えつけ、3～4日後から水を与える。その後は通常の方法で管理する。

part 1　多肉植物を育てる　基本の育て方

殖やす⑧ たて割り

たて割り

子株が出にくい種類は、茎の中心をたてに割る方法で殖やすこともあります。成長点を傷つけないのがポイントで、上級者向けの繁殖方法です。充実した元気な株で行います。

アガベ sp.

3 切り口の中心にナイフで切り込みを入れる。

1 作業がしやすいように中心の葉をナイフでカットします。

4 切り込みの部分が閉じないように、小石などをはさむ。

Point カットしにくい場合は、株を横にしてもよい。

5 小石は奥までグッと押し込むようにはさむ。

2 カットしたところ。

成長点について

植物の成長点とは、その植物が勢いよく生長する部分のことです。ロゼット状に葉がつく多肉植物の場合は、その中心に成長点が存在することが多いようです。成長点を傷つけてしまうと、新しい芽が作れませんので注意しましょう。

6 小石をはさんだ状態でしばらくおくと、切り込みから子株が出てくる。

たて割りに向くもの

・アガベ→ P158

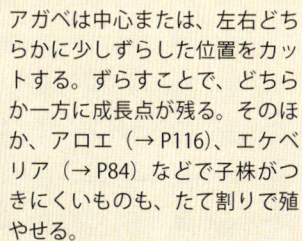

アガベは中心または、左右どちらかに少しずらした位置をカットする。ずらすことで、どちらか一方に成長点が残る。そのほか、アロエ（→ P116）、エケベリア（→ P84）などで子株がつきにくいものも、たて割りで殖やせる。

美しさを保つための仕立て直し

多肉植物をより美しくきれいな草姿・樹形にするためには、種類に応じて手をかけることが大切です。失敗して枯れてしまっても、何度か育てるうちに上手に育てるコツを知ることができるようになるはずです。

仕立て直しで形をよくする

多くの多肉植物は高い再生能力を持っています。一見、枯れたように見えても、適切な手入れで復活することもあります。草姿・樹形が乱れてきたり、湿度変化などでダメージを受けた場合には、生長期に仕立て直しを行いましょう。

草姿・樹形の美しさを保つ7つのポイント

- Point 1　日当たりのよい場所で育てる。
- Point 2　雨や雪に当てない。
- Point 3　風通しのよい場所で管理する。
- Point 4　鉢を回し、全体に光を当てる。
- Point 5　病虫害を防ぐ。
- Point 6　汚れを取る。
- Point 7　枯葉などは整理する。

ダメージの見分け方

傷んで枯れたように見えるものでも、自然現象の場合があります。病気なのか生理現象なのか見分けるポイントを知っておきましょう。

寒さによる変化

多肉植物は冬の寒さが苦手なものが多くあります。そのため冬場はダメージを受けやすいのですが、紅葉などは生理現象なので、春になり気温が上昇するにつれて元の美しい色に戻ってきます。

生理現象+紅葉

寒さで枯れた葉もでてきた。枯れた部分だけ取り除けばOK。

紅葉

紅葉して葉の色が変わっている。暖かくなれば元の色に戻る。

病気のダメージ

葉が茶色になってきた場合には、それが生理現象なのか、病気などのトラブルなのかを見分ける必要があります。環境の変化などによる生理現象の場合は、時期がくれば元に戻ってきます。

生理現象

生理現象の場合は、変色していても全体的にカラリと乾いている。

軟腐病

病気による変色は、どす黒い色になりジメジメ感がある。

part 1　多肉植物を育てる　基本の育て方

仕立て直し①

茎が間延びしてしまったら

葉がつかずに、茎が間延びしてしまった状態を徒長といいます。徒長は日照不足で起こりますが、徒長した部分を切り戻すことで仕立て直しをすることができます。

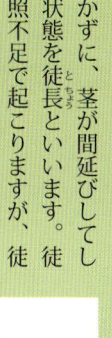

クラッスラ
星乙女

3 ほかに伸びている茎も適宜カットし、さし木をする。

1 日照不足で徒長し、葉も落ちてしまった状態。

4 全体の高さを新芽にそろえるようにして仕上げる。

2 徒長してしまった茎を清潔なハサミでカットする。

5 日当りがよく風通しのよい場所で管理する。

Point

❶ カットした茎は下葉を落としてさし穂にする。

❷ さし穂を乾いた土にさして発根させる。

45日後の様子

親株には新しい芽も出ている。夏の直射日光を避け、明るい場所で管理する。

さし木したものは発根し、根づいたものは、そのまま親株と同じように管理する。冬は休眠期になるため、乾かし気味でよい。

仕立て直し②

葉がしわしわしてきたら

生育期にもかかわらず肉厚の葉がしわしわになっているのは、根から水分を吸収できていない証拠です。根ぐされを起こしている株を再生させましょう。

エケベリア
'バロンボールド'

1

水分が吸収できずに葉がしわしわになっている状態。

2

株を鉢から出しても根が傷んでいるのがわかる。

3

葉を残したまま茎を清潔なハサミで切り取る。

Point

乾燥せずにまだ生き残っている茎の部分を切り取る。

4

茎の先だけを切り取った状態。数日半日陰で切り口を乾かす。

5

鉢に乾いた土を入れ、切り取った部分を植えつける。

6

明るい半日陰で管理し、4〜5日たったら水やりを行う。

45日後の様子

土の中に根が張り、水分の吸収ができるようになってきた。日当たりのよい場所に置くことでさらに株がしっかりとしてくる。

葉がしわしわの状態について

多肉植物の葉がしわしわになるのは、根ぐされを起こしているときだけにかぎりません。休眠期に水を控えているときや、冬場の寒さの影響などでしわが寄ってくることもあります。その場合は、生育期に入って水やりの回数が増えてくれば元気な葉に戻りますので心配いりません。生育期で水を与えている株に元気がない場合は、鉢から株を抜いて根の状態を確認してみるとよいでしょう。

part 1　多肉植物を育てる　基本の育て方

仕立て直し③ 茎が枯れてきたら

茎が枯れてしまったように見えても、緑色の葉があれば再生は可能です。元気な葉の部分をさし木に利用し、枯れ葉などを整理して仕立て直しましょう。

アロエ
翡翠殿

1 茎が茶色に変色しカラカラに乾燥しているが、上のほうの葉はまだ元気がある状態。

2 枯れた茎を根元からハサミでカットする。

3 乾燥せずにまだ生き残っている葉の部分を清潔なハサミでカットする。

4 傷んでいる下葉を取り除く。

5 切り口を数日乾かしたあとに、鉢に乾いた土を入れ、植えつける。

6 明るい半日陰で管理し、4〜5日たったら水やりを行う。

7 元の株は枯れ葉などを取り除く。

8 きれいになった元の株は通常通りに管理する。

45日後の様子

赤っぽくなっていた葉も緑色に変わり、青々とした新芽が出てきた。日の当たる場所で管理し、冬は室内に移すほうが安心。

41

疑問・トラブル Q&A 多肉植物

多肉植物は一般の植物と比べると枯れにくいといわれますが、管理方法によってはトラブルも起こります。多肉植物の基礎知識から育て方のトラブル対応までをQ&A形式にまとめました。

多肉植物について

Q サボテンと多肉植物の違いはなんですか？

A トゲの有無ではなく、刺座(しざ)があるかどうかが見分けのポイントです。

以前は原産地の違いで、南北アメリカ大陸周辺のものをサボテン、アフリカ大陸を中心に比較的暖かい場所で育つ多肉質の葉を持つ植物を多肉植物として区別していました。しかし、最近は見た目の違いで、トゲのつけ根に綿毛で覆われた刺座（アレオーレ）があるかないかで区別されています。そのため、トゲがなくてもアレオーレがあればサボテン、トゲがあってもアレオーレがないならその他の多肉植物と区別できます。

Q サボテンや多肉植物は、水は与えなくてもいいと聞きました。本当ですか？

A 植物には土、光、水が必要です。水やりも適宜行いましょう。

サボテンも多肉植物も植物です。いずれも植物のなかではあまり水を好みませんが、まったく水やりをしないで放置すれば、いずれ植物体内の水分がなくなり枯死します。また、日光にも当てなくてよいと思っている人がいますが、植物なので日の光も必ず必要です。

Q 多肉植物は熱帯や砂漠のイメージですが、日本原産のものもあるのでしょうか？

A オロスタキスやセダムに日本原産のものがあります。

日本原産の多肉植物もあります。オロスタキスのコモチレンゲやイワレンゲ、ツメレンゲなどがそうです。セダムのなかでもマンネングサと呼ばれるものには日本産があります。セダムのタイトゴメやミセバヤも日本産の多肉植物です。

左がコモチレンゲ、右が対馬ツメレンゲ。

Q 多肉植物は、冬には枯れるものなのですか？

A 寒さで枯れるのは稀です。日当たりのよい室内で水を控えて管理しましょう。

寒さによって葉が変色し枯れたように見えることもありますが、環境が整っていれば枯れることはあまりありません。低温に弱いものは、霜に当たる前に室内に入れるようにしましょう。変色した部分は取り除き、断水して春を待ちます。生育期には新芽が出てくるでしょう。
最近は、冬越しよりも夏の高温多湿でダメになってしまうこともあります。夏越しにも注意しましょう。(→P20)。

写真のように葉が乾燥気味で変色しているものは、寒さによる生理現象。水分をおびてジメジメと黒ずんだ葉は病気の可能性が高い。

part 1　多肉植物を育てる　基本の育て方

Q 日当たりがとても悪い部屋です。ベランダもありません。こんな環境でも、多肉植物を楽しめますか？

A 徒長を防ぐために水やりは少なめに。植物育成用のライトを利用する方法もあります。

日射しがあまりない場所で育てる場合は、水をやる量を減らすことで、茎がヒョロヒョロと伸びてしまう徒長をある程度防ぐことができます。日光の代わりに植物育成用のライトなどを利用する方法もあります。

Q 多肉植物をインテリアとして購入し、部屋のなかに置いたままにしていたら、なんとなく弱ってきたように見えます。どうしたらよいでしょうか？

A 植物には光が必要です。少しずつ日射しに慣らしましょう。

多肉植物は、その種類により管理方法が異なりますが、基本的には、暗い場所に放置していると日照不足になり、葉が変色し、色素が抜けたような状態になります。日の当たる場所へ移動しましょう。
しかし、日当たりの悪い場所から、急に日射しの強い場所に移動すると葉焼けなどを起こしてしまうため、くもりの日から窓辺に置くなど少しずつ日射しに慣らしながら移動させることが大切です。

Q 置き場がかぎられているため、小さいまま育てたいのですが…。

A 伸びたところをカットし、植え替えも根を整理すれば大きさは維持できます。

同じ鉢のままで育てたいなら、鉢からはみ出している部分をカットして形を整えてください。カットした部分は、数日以上切り口を乾かし、さし木として使うこともできます。植え替えをする場合には、ひとまわり大きな鉢ではなく、株の大きさを今の状態よりも小さく整理して元の鉢に植え込めば大きさを保てます。

Q すべての多肉植物は、多年生植物なのでしょうか？

A 何年も育つ多年生が多いですが、一年生や二年生もあります。

多肉植物のなかにも一年生や二年生があります。たとえば、国内で流通するセダムやアエオニウムは、一般的に耐寒性や耐暑性に優れた強健な性質のものが多いのですが、なかには一年生のものもあります。
ちなみに、一年生は種子が芽を出して1年以内に花を咲かせ、実を結んで一生を終えてしまう種類。二年生は、2年目に花を咲かせ、種子を実らせ、枯れてしまう植物のことです。
多肉植物に多い多年生は、種子から数年で開花し、結実しても、根株は枯れてしまうことなく何年も生き、花を咲かせ、種子をつけることをくり返す植物のことです。

置き場所について

Q 多肉植物は日光が好きだと思い、エケベリアを日射しが強い場所に置いていたら、葉がプヨプヨになってきました。病気でしょうか？

A 葉焼けを起こしていますので、新しい葉が出るのを待ちましょう。

強い日射しによる葉焼けで、人間のやけどのようなものです。日焼けした葉は、元には戻りません。葉焼けした部分は変色しますが問題はないので、そのまま生長させ、新しい葉が出るのを待つといいでしょう。

エケベリアは日の当たる場所に置くのがベスト。ただし、青みがかった色の葉やうぶ毛のついたものは直射日光を嫌う。

管理トラブルについて

Q サボテンが変形してしまいました。なぜでしょうか？

A 光のある方向に曲がったのでしょう。切り戻して日当たりのよい場所に移しましょう。

原因は、日照不足だと思われます。長い期間、暗い場所に置いていたために、光がある方向に伸びて、変形したのではないでしょうか。そのままでは枯れてしまうので、日当たりのよい場所に移動しましょう。また、変形した部位をカットして、新しい芽や枝を殖やして育てるのも一案です。作業は、春から秋の生長期に行ってください。

Q 多肉植物がヒョロヒョロになってきました。ちゃんと管理しているのにどうしてでしょうか？

A 原因は日照不足による徒長です。切り戻して仕立て直しをしましょう。

日照不足で茎がヒョロヒョロに伸びてしまう「徒長（とちょう）」という現象が起きていると思われます。そのままにしていても伸びた茎が太くなることはありません。思いきって、伸びた茎の部分をカットして、切り戻してみましょう。通常ならカットした部分から新芽が出てきます。

カットした部分から出てきた新芽。再度同じ場所で育てると、新芽も同じようになるので、前よりも日の当たる場所で育てるか、週に1度、外で日光浴をさせながら育てる。

Q 毎日水をやっているのに、だんだん元気がなくなってきました。水やりの方法が悪いのでしょうか？

A 多肉植物の水やりは普段から控えめにするのが基本です。

多肉植物の葉は通常の植物より厚みがあります。これは、葉に水分をたくさん含んでいるからです。そのため、毎日水をやっていると、水のやりすぎで根ぐされを起こしてしまうこともあります。

植物によっても違いますが、基本は表面の土が乾いてもしばらくは放置して大丈夫です。一般的に10日に一度ぐらいを目安に水やりをしましょう。また休眠期は、植物の生育がストップする時期なので、基本的に水はやりません。

葉の上に水が溜まったままになると、葉焼けの原因になるため、水は葉にかからないよう根元に与える。

Q 葉が虫に食われてしまいました。元に戻す方法はありますか？

A 害虫の被害は元に戻りません。被害部分は取り除きましょう。

多肉植物は害虫が比較的少ない植物です。しかし、害虫の種類によっては、花、葉、茎、あるいは根を食害したり、樹液を吸って植物にダメージを与えます。

残念ながら食害された部位は修復しません。被害が拡大しないように被害部分を取り除き、市販の殺虫剤、殺菌剤を使って早めにケアするようにしましょう。生育期なら新芽が出てきます。

part 1 多肉植物を育てる　基本の育て方

Q 白い綿のようなものがついています。どうすればよいでしょうか？

A 被害の拡大を防ぐため、すぐに殺虫剤で駆除しましょう。

コナカイガラムシではないかと思われます。カイガラムシの仲間で多肉植物ではよく目にする害虫のひとつです。放置しておくと、養分を吸われて枯れてしまいます。
白くなっている部分を歯ブラシなどで取り除き、殺虫剤を散布して被害を拡大させないようにしましょう。

Q お店で買ったときには緑色の葉でしたが、葉先が赤っぽくなってきました。病気でしょうか？

A 秋から冬であれば紅葉と思われます。水やりを控えて管理しましょう。

青々とした葉が赤く色づく紅葉は多肉植物の自然現象で、11～3月頃に見ることができます。室内管理で太陽に当たらない環境だと緑色のままですが、日中に太陽の光をたっぷり当てるときれいに紅葉します。気温が下がってくるこの時期は水やりを控えめにします。

秋から冬にかけての紅葉は寒暖の差の影響で起こるもの。戸外に出し太陽にしっかり当てると色づきがよい。

Q コノフィツムの表面が茶色くなってしまいました。枯れてしまうのでしょうか。

A 花がらが沈着し茶色になることも。その場合は、脱皮をまちましょう。

花が咲き終わったあと花がらをそのままにしておくと、葉に沈着することがあります。花がらは早めに取り除きましょう。また、初夏からの休眠により表皮が茶色っぽくなることもあります。コノフィツムは1年に1度、脱皮するため、元の色の新しい葉が出てくるのを待ちます。

開花後に茶色になってしまったコノフィツム。脱皮後に出てくる新しい葉は元の色をしている。

Q グリーンネックレスの色が悪くなり、触ると中身がなくプチッとつぶれました。枯れてしまうのでしょうか？

A 半日陰の場所に移し、多湿にならないよう注意します。

簡単につぶれてしまう場合は、かなりのダメージが考えられます。強い光が原因だと思われます。グリーンネックレスの管理は、基本的には、春から夏は半日陰、秋から冬は明るい場所が適しています。光が弱すぎると葉（玉）が小さくなり、徒長してやがて葉が落ちます。直射日光に当てると、葉が赤紫を帯びて枯れてしまうことがあります。生育適温は20～25℃程度、耐寒性は強く0℃程度までは耐えます。多湿には弱いので、土が乾いたら水をやる程度にするといいでしょう。

器・土・薬剤について

Q かわいい器で多肉植物を育てたいと思っています。器選びのポイントを教えてください。

A 底に穴があるか、穴を開けられるものを選びましょう。

植物を植える鉢は、水が鉢内に溜まらないように、底穴があるものを選ぶのが基本です。底穴のない器を使いたいときには、できるだけ自分で開けることをおすすめします。
どうしても穴のない器を使う場合には、浅いほうが管理がしやすくなります。底穴のない器は、水やりのあとに鉢を傾けて、余分な水を流します（→P54）。

陶器などかたい素材のものに穴を開けるときは、器が割れてしまうこともあるので慎重に行う。

Q 害虫駆除をしたいのですが、市販の殺虫剤は絶対に使いたくありません。ほかに方法はないでしょうか？

A 「ストチュウ」やアルミ箔など昔から利用されている防除方法があります。

多肉植物にかぎらず、家庭菜園などで利用できる無農薬による病害虫の防除方法はいろいろあります。日本で昔から利用されているものでは、酢と焼酎を使う「ストチュウ」。これは、酢、焼酎を同量で混ぜ、そこにニンニクの絞り汁や木酢液などを加えるものです。使い方は、500倍以上に薄め、霧吹きなどで植物に噴霧します。
また、食害が多い場合はネットなどで多肉植物を覆うのも一案です。キラキラ反射するテープやアルミ箔、マルチフィルムを植物の周囲に置いて防除したり、特定の害虫の場合はその害虫が嫌う匂いを発する植物をコンパニオンプランツとして一緒に育てる方法があります。
アブラムシには牛乳に台所用洗剤を数滴入れてスプレーする方法も有効。なめくじ、青虫、毛虫などは、見つけしだい払い落として駆除するのが一番です。

Q 園芸書などでよく水苔が登場しますが、これはどんなものですか？

A 湿原に生える苔類で、リースやハンギングバスケットで利用します。

水苔は、湿原に生える苔類を乾燥させたもので、主な産地はニュージーランドやチリなど。園芸店では乾燥したものが売られています。保水性、通気性、排水性に優れています。
選ぶときは、パサパサのものではなく、弾力のあるものを選び、繊維が細いものや粉になったものは使わないようにしましょう。また、古くなると酸性に傾くため、水苔を配合した土は、数年で入れ替えることをおすすめします。
一般的には、水に30分〜1時間、できれば一晩ぐらい浸けて戻し、手で強く握って水分をしぼってから使います。

水苔はリースやハンギングバスケットなどで、土の流出をブロックするためにも使われる。

Q 固まる土にサボテンが植えられていたのですが、持ち帰ってよく見るとサボテンがグラグラしていました。そのままでも大丈夫でしょうか？

A 心配なら土をほぐして植え直します。長く楽しむなら土を変えて植え替えを。

表面の土を割りばしなどを使って軽くほぐし、そこにサボテンを再度植えつけ、霧吹きで水をかけておくと安定してきます。ただし、長くつき合いたいと思うなら、植え替えて固まる土を取り除くほうがよいでしょう。根にからんだ固まる土は、無理に取らなくても大丈夫です。根を傷つけないように注意しましょう。

part 2

多肉植物を楽しむ
アレンジ・アイデア集

個性のある多肉植物の楽しみ方を紹介しています。
株をひとつずつ楽しんでもよし、
寄せ植えしてもよし。
器や園芸グッズにもこだわって、
自分だけの楽しみ方を見つけましょう。

多肉植物の個性を単体で楽しむ

小さくて愛らしい多肉植物は、種類によっていろいろな形を楽しむことができるのも魅力のひとつです。お気に入りの鉢に植え替えをするだけでも楽しめます。

集めるときはテーマを決めて

多肉植物の楽しみ方は人それぞれ。コレクションするときは、こだわりのテーマを決めて集めるのもおもしろいでしょう。育てやすいものや好みのものが見つかるまでは、いろいろな種類の多肉植物を集めてみるのもおすすめです。

多肉植物コレクションテーマ 5つの提案

- テーマ1　見た目が好きなものを集める。
- テーマ2　好みの属や科で集める。
- テーマ3　ちょっと珍しい品種を集める。
- テーマ4　ユニークな名前で集める。
- テーマ5　美しい花が咲くものを集める。

アンティーク風のアルミカップにこんもりと。

形の違う陶器のミニ鉢も白でまとめると統一感が出てくる。

ひと株でも存在感のある多肉植物。

ミニ鉢を木箱に入れれば、管理場所の移動もラクにできる。

48

part 2　多肉植物を楽しむ　アレンジ・アイデア集

多肉植物は意外に和の器にも似合う。

カラフルなプラ鉢に入れてポップに仕立てる。

シンプルな素焼き鉢で個性を引き立たせる。

小型種は子株を殖やして群生させる。

カゴにまとめて好きな場所へ持ち運ぶのも楽しい。

多肉植物を寄せ植えして楽しむ

多肉植物の楽しみ方をさらに広げるために、寄せ植えに挑戦してみましょう。
上手に寄せ植えを楽しむためにはちょっとしたコツを覚えておくことも大切です。

寄せ植え鉢を集めて華やかなに楽しむ。

管理の似ている植物を選ぶ

複数の植物を寄せ植えするときに大切なのは、管理方法の似ているものを選ぶことです。多肉植物の場合は、夏型、冬型、春秋型のタイプがありますので（→P13）、できるだけ同じタイプで寄せ植えするのがおすすめです。

ただし寄せ植えの状態は、本来、植物にとっては育ちにくい環境です。ある程度楽しんだら植え替えし直すなど、早めの手入れが必要です。

夏の屋外では、熱を吸収しやすいアルミやブリキの鉢よりも、水はけのよい素焼き鉢のほうが管理がしやすいでしょう。鉢内に熱がこもってしまうと根を弱らせる原因になります。

見る人の視線を意識して作る

寄せ植えデザインの基本は、見る人の視線を意識することです。背後に壁などがあり、後方からの視線がない場合は、正面、右側面、左側面の三方向にいずれかの植物が向くようにするとよいでしょう。テーブルの上など360度どの方向からも見える鉢なら、中央にメインの植物を配置するとまとめやすくなります。

正面から見るときには、後方にいちばん背が高いものを入れ、前方にいちばん背が低いものを植え込み、階段状にすると、植物をまんべんなく楽しめます。逆に、あえて背が高いものの隣にいちばん低いものを植え込むことでリズム感を出す方法もあります。

寄せ植え上手になるための5つのポイント

- **Point 1** 飾りたい場所を考えて鉢を選ぶ。
- **Point 2** 水やりなどの管理方法が似ている植物を集める。
- **Point 3** 生育タイプをチェックしてから寄せ植えする。
- **Point 4** 美しさをキープするために手入れをする。
- **Point 5** 生長したら、ひとつひとつを植え替えて楽しむ。

part 2 多肉植物を楽しむ　アレンジ・アイデア集

アレンジに迷ったときには

寄せ植えのアレンジに決まりはありませんが、基本的なデザインのルールを知っておくといろいろなものに応用できます。

アクセントをつける

葉の色彩や品種、大きさなどで、強弱を出すと立体感のある寄せ植えができる。

後方に背の高いもの、前面に背の低いものを植えて立体的にみせる。

赤く色づく大きな葉の周辺に、薄い色の小さな葉を植えて大胆なメリハリをつける。

シンメトリーにする

左右対称や90度対称（四分割）など、鉢の中を植物で区切って寄せ植えする。

迷ったときに便利なシンメトリー。左右に濃い色を配置して全体の印象を引き締める。

鉢内を植物で区切り人工的なシンメトリーを作っても、生育しながら繁殖するので自然な美しさが生まれる。

コントラストをつける

葉の色が異なる多肉植物を利用して、色を対比させる。黒系と白系の鉢を並べることで、コントラスがはっきりし、互いの個性を引き立て合う効果が出てくる。

紫から黒色でまとめた鉢と、白から薄緑色でまとめた鉢を並べることで差が際立つ。

基本の寄せ植え 1
Basic Grouping

お気に入りの鉢で

スクエアの素焼き鉢に
好きな多肉を寄せ植えて
庭やベランダのアクセントに

1 鉢底ネットを鉢の底穴の大きさに合わせてカットし、鉢底に置く。

2 多肉植物用の土を、鉢の半分ほどまで入れる。

3 植物のバランスを見ながら、鉢の中に仮置きする。

4 株の根もとを土で固定させながら、植物を植え込む。

5 隙間にも土を入れる。小さなスプーンがあると便利。

6 全体のバランスを見て、必要があれば枝や葉をカットして完成。

その後の管理Point
生育期は土が乾いたら水をたっぷり。乱れたら仕立て直しを

夏型と春秋型の寄せ植えは明るい場所に置き、日光を十分に当てて育てます。鉢いっぱいの寄せ植えは、鉢内が蒸れないよう風通しも確保しましょう。4〜5カ月を目安に、バランスが乱れてきたら株を抜いて新たに寄せ植えし直すのがおすすめです。

【 材料 】

管理の同じ春秋型の多肉で寄せ植えしています。

- 多肉植物用の土
- 鉢底ネット
- 鉢

春秋型
- クラッスラ sp.
- セダム sp.
- セダム sp.
- クラッスラ 火祭り
- セネキオ sp.
- クラッスラ sp.
- セダム sp.
- エケベリア 錦晃星
- クラッスラ sp.
- エケベリア 野ばらの精
- 乙女心
- クラッスラ sp.

part 2　多肉植物を楽しむ　アレンジ・アイデア集

基本の寄せ植え2
Basic Grouping

ガラスの鉢で

鉢底に穴のないガラス鉢は管理のしやすさを考えて小振りのものを選ぶのがおすすめ

4
1で混ぜた土をガラス鉢の中程まで入れる。

1 
多肉植物用の土とハイドロボールを同量混ぜておく。

5
植物を並べ、土の高さを調節しながら植え込む。

2 
植物の根についている土をできるだけ落とし、根を乾かしておく。

6 
ガラス鉢全体を軽く上下にトントンし、土を落ち着かせて完成。

3
ガラス鉢に、底が隠れる程度のケイ酸塩白土を入れる。

材料
- ガラス鉢 — 底穴がない器ではケイ酸塩白土を入れて根ぐされを防ぎます。
- ハイドロボール（小） 
- 多肉植物用の土 
- ケイ酸塩白土 
- エケベリア sp. 
- エケベリア sp.
- セダム sp.（春秋型）

その後の管理Point
鉢底に穴のないガラス鉢の水やり方法

ガラス鉢など底に穴のない鉢は、水やりに注意が必要です。水は土が完全に乾いてから鉢内の土全体を濡らすように与えます。その後、すぐに鉢を傾けて余分な水を流し、水が鉢底にたまらないようにします。

アイデア＋プラス！
観葉植物を加える

多湿を嫌う多肉植物を底穴のない器に植える場合は、ミニ観葉を一緒に植えるのもおすすめです。観葉植物の根が水分を多く吸収し、鉢内が水分過多になるのを防いでくれます。ただし、底のない器は、短期間楽しむものと心得ましょう。

part 2　多肉植物を楽しむ　アレンジ・アイデア集

アレンジ寄せ植え1
Arranged Grouping

ハンギング仕立て

アンティーク風のバスケットに垂れ下がる植物を植え込んでハンギング寄せ植えを楽しむ

1 水を十分に含ませた水苔を軽くしぼる。

2 水苔をハンギングバスケットに敷く。穴をふさぐように均一に。

3 多肉植物用の土をバスケットの半分程度まで入れる。

4 植物を鉢から出し、株が大きいものは手で割っておく。

5 バランスを見ながら植物を植え込んでいく。

6 完成。

(材料)

春秋型を中心に夏型、冬型をプラスした混合寄せ植え。日の当たる場所に吊り下げて。

- 水苔
- ハンギングバスケット 
- 多肉植物用の土 

春秋型
- グラベリア sp. 
- セダム sp.
- セダム sp. 
- セダム sp. 
- クラッスラ sp. 
- クラッスラ 星乙女 

夏型
- セネキオ グリーンネックレス 
- クラッスラ 黄金花月 
- カランコエ sp. 

冬型
- アエオニウム sp. 
- オトンナ 紫月 

その後の管理Point
ハンギング仕立ては水やりを十分に

吊り下げて飾るハンギングバスケットは普通の鉢よりも風が通るため、乾燥もしやすい状態になっています。水やりは、先端が細い水差しなどを用いて、根元全体に行き渡るように十分に行いましょう。土の表面を水苔やバークチップで覆い、乾燥しにくい環境を作るのもおすすめです。

part 2 多肉植物を楽しむ　アレンジ・アイデア集

アレンジ寄せ植え2
Arranged Grouping

タペストリー仕立て

いろいろなタイプのセダムを固まる土で木箱に固定させて壁掛けもOKのタペストリーに

4 多肉植物を植え込んでいく。

1 植えつける木箱の大きさに合わせて株をわける。

5 株元も固まる土で覆う。

2 木箱の深さに合わせて根をカットし高さをそろえる。

6 霧吹きで水をかけて土を固定したら完成。

3 固まる土を木箱に入れる。

材料
セダム以外にもクラッスラやオロスタキスなどこんもりする種類がおすすめです。

春秋型
セダム各種

木箱

固まる土

その後の管理Point
固まる土を使ったときの水やり方法

　タペストリーとは「壁掛け」という意味。壁掛け用として固まる土で作成したタペストリー仕立ての寄せ植えは、霧吹きで水やりをしましょう。肥料も液体タイプのものを霧吹きで与えます。その際、できるだけ葉にかからないように注意しましょう。平置きで楽しむ場合は、一般の多肉植物用の用土でもつくることができます。その場合は通常の寄せ植えと同じように管理します。

アイデア＋プラス！
固まる土の利用方法

　植物を長く育てるなら通常の土のほうがおすすめですが、固まる土が便利なときもあります。鉢を倒しても土がこぼれず、室内では衛生的に保てます。ペットや赤ちゃんのいる家庭に植物を贈るときにも、土の誤飲などを防げます。

part 2　多肉植物を楽しむ　アレンジ・アイデア集

59

アレンジ寄せ植え3
Arranged Grouping

リース仕立て

ドーナツ型のリースは、壁や柱にかけても テーブルに置いても楽しめる

1 チキンネットを半筒状にまるめ、水をたっぷりと含ませて軽くしぼった水苔を敷く。

2 半筒状の水苔の中心に多肉植物用の土を入れる。

3 ラジオペンチでチキンネットをからませるように閉じ、筒状にする。

4 ワイヤーでチキンネットの口をしっかり閉じ、リース状にする。

5 わりばしなどで水苔に穴を開け、根や茎が土に埋まるようにセダムを植えつける。

6 バランスを見ながらさし穂を植え込んで完成。

材料
ワイヤーでできた網で、手で簡単に曲げ伸ばしができるチキンネットを利用してリースの枠を作ります。

- 水苔
- ワイヤー
- チキンネット（縦20cm×横40cm）
- セダム sp.（春秋型）
- 多肉植物用の土
- 好きな植物のさし穂

その後の管理Point
さし穂は水苔の中にさし、根が張るまでは置いて楽しむ

さし穂は、茎の腐れを防ぐために4〜5日かけて切口を乾かしてから使用します。植えつけるときは、わりばしで水苔に穴を開けるとさしやすくなります。土の部分まで穴を開け、さし穂の先端を土にさします。完成後は、根が張るまで約1カ月（冬は約2カ月）は吊るさずに、テーブルなどに置いて楽しみましょう。

part 2　多肉植物を楽しむ　アレンジ・アイデア集

アレンジ寄せ植え4
Arranged Grouping

苔玉仕立て

器に入れてもそのままでも、苔玉で包んだ多肉植物は和の空間にもしっとりなじむ

1 同量のけと土とピートモスを粘りがでるまで、練るように混ぜる。

2 鉢底ネットに写真のようにワイヤーを通しておく。

3 1の土を手のひらに広げ、多肉植物用の土を包む。

4 多肉植物用の土に植物を植え込み、外側の土で包む。

5 鉢底ネットを底に張りつけ、ワイヤーで植物を固定する。

6 表面に苔を張りつけ、木綿糸を巻いて苔を固定し完成。

〈 材料 〉
カランコエやクラッスラの木立性のものを選ぶと植えやすくなります。

- 多肉植物用の土
- ピートモス 
- けと土 
- カランコエ マルニエリアナ（夏型）
- 苔
- ワイヤー、鉢底ネット、木綿色糸 

その後の管理Point
明るい場所に置き、水やりは霧吹きで

水やりは霧吹きで行い、苔にたっぷり水分を吸収させます。苔の水分は土を通して時間をかけて多肉植物の根に届きますので、水やりの回数は少なめにしましょう。表面が乾き、さらに葉に張りがなくなったら与える程度でかまいません。

アイデア＋プラス！
苔の代わりにセダムを使ってもGOOD

苔がないときには、けと土の上にセダムを張ってもかまいません。その場合には、セダムの根が生長しやすいように、けと土とピートモスの分量を1：2程度にして、ピートモスを多めにするとよいでしょう。

part 2 多肉植物を楽しむ　アレンジ・アイデア集

雑貨と組み合わせて楽しむ

園芸用の鉢だけではもったいない！ 多肉植物はジャンクテイストの雑貨とも相性がいい植物です。わざわざ買わなくても家にあるもので十分。空き缶、空き瓶などリユース素材もおもしろく活用できます。

初心者にはカゴがおすすめ

多肉植物とコラボレーションできる雑貨は、カップやグラスの器類はもちろん、木箱、お玉、やかん、ティーポット、靴など土を入れておけるものならどんなものでもOKです。生長がゆるやかな多肉植物は、ミニサイズの株をショットグラスやペットボトルのふたなどで栽培することもできます。

雑貨の中でも、初めての多肉×雑貨コラボにぴったりのアイテムがカゴです。比較的目の細かいカゴなら、そのまま多肉植物の土をザックリ入れるだけで管理が可能。通気性がよく土も乾きやすいので、水やりの回数が多くなってしまいがちな初心者には失敗の少ない雑貨です。

カゴは雑貨コラボ初心者におすすめのアイテム。通気性がいいので多肉植物の管理もしやすい。

カゴを使うときは…

カゴの目が細かい場合は、そのまま土を入れてOK。粗い場合には、土が流出しないように不織布などを使ってガードする。

水苔を使う場合は、水分を含ませ軽くしぼってからカゴの穴をふさぐように敷きつめる。

庭に放置されていたドラム缶も寄せ植えに活用。さびついた状態がいい雰囲気を出している。

深さのあるつぼは、開口部にネットをひっかけて土を入れる。セダムやセネキオなど垂れ下がる植物との相性もよい。

part 2 多肉植物を楽しむ　アレンジ・アイデア集

上手な雑貨コラボ 4つのポイント

Point 1
買ったままより、プチ加工を
ペンキなどでエイジング加工すればアンティーク風の仕上がりに。

Point 2
できるだけ底に穴をあけて
植物の健康、水やり後の管理を考え、穴のない器には水はけ用の穴をあけるのがベスト。

Point 3
植物の生長に合わせて交換を
お気に入りの雑貨でずっと育てたい。そう思っていても、その中の多肉植物がグングン生長し、鉢がわりにしていた器が小さくなったと感じたら、ひとまわり大きな器に植え替えを。

Point 4
マルチングもアイデアのひとつ
多肉植物の土のままでもいいけれど、飾る場所などによってはカラーサンド、ゼオライト、ハイドロボール、ウッドチップなどを使って土を見えなくすることも演出のひとつ。

カントリー調の小物入れはさし木の器にしてもかわいい。たまごの殻は内側をよく洗ってから土を入れる。

小さな手押し車に寄せ植え鉢を乗せれば、庭のアクセントにもなる。

ミニサイズのタブトラッグスに小さい株を植えて。タブトラッグスの底には水が抜けるように穴を開ける。

アルミカップにセダムをこんもり。アルミやブリキなどの金属製の器は、鉢内の温度が高くなりすぎないよう置く場所に注意する。

古びた木製の器にセダムを。雨ざらしで変色したテクスチャーがいい味を出している。

貝殻も土を入れれば立派な鉢に。小さな多肉を植えてインテリアのオブジェにおすすめ。

ワイヤーラックにアルミのミニ鉢をセット。取手つきなので移動させるのも楽。

雑貨コラボ1
Sundries Style
コランダーに植える

キッチンアイテムに食用植物を植え込んでおけば、食材としても便利に使えそう

3 コランダーの中央に間隔を開けて植物を数株植え込む。

1 袋状の水切りネットの縁をコランダーの深さに合わせて折り返す。

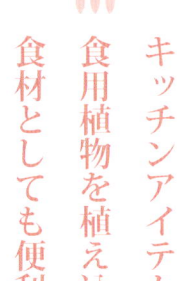

4 多肉植物用の土を足しながら、株がぐらつかないように植えつける。

2 コランダーの内側に水切りネットを開いて敷き、半分くらいまで多肉植物用の土を入れる。

材料
水切りネットは目が細かいほうが土の流出を防げます。

- アイスプラント
- 多肉植物用の土 
- コランダー 
- 水切りネット 

その後の管理Point
室内管理で土が気になるようならハイドロボールに植え替えを

明るい日射しのある場所で管理します。水やりの際、土の流出が気になるなら、土をハイドロボールなどに変えてもよいでしょう。根を傷つけないように土を落として植え替えます。ハイドロボールは保水性があるので、ある程度乾いてから水を与えます。

part 2 多肉植物を楽しむ　アレンジ・アイデア集

雑貨コラボ2
Sundries Style

たまごケースでさし木する

たまごケースや空き瓶をプチリユースしてキッチンや庭先をキュートに演出。小さな芽を出したら植え替えを

空き瓶の場合

1 空き瓶を、横にして多肉植物用の土を入れる。

2 土の上に葉を置く。

たまごケースの場合

1 たまごケースに多肉植物用の土を入れる。

2 4〜5日かけて切り口を乾かした、さし穂を植える。

【材料】
さし木にたまごの殻を使う場合は、中身を取り除き洗ってから利用します。

- 空き瓶
- たまごケース
- 多肉植物用の土
- さし穂

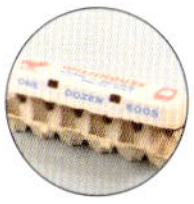

新芽の出る位置は植物によって違う。

その後の管理Point　水やりは発根したあとに

塩化ビニール製のたまごケースは底に穴をあけてから使います。空き瓶は湿気がたまりやすく、気温の高い日は温度の上がりすぎに注意が必要。半日陰などで管理するとよいでしょう。どちらも発根後に鉢に植え替え、水を与え始めます。

雑貨コラボ 3
Sundries Style

底穴のない器に植える

身近な器も底に穴を開ければオリジナル鉢のでき上がり。電動ドリルなら陶器でもOK

4 電動ドリルは両手で抑え、真上からゆっくりと押すように穴を開ける。

1 板の上にカップを逆さに置き、穴を開ける位置を決める。

5 底穴の開いたカップに多肉植物用の土を入れる。

2 ポンチとハンマーを使ってカップの底に軽く傷をつける。

6 植物を植えつけて完成。

3 カップの底につけた傷に電動ドリルの先を押し当てる。

{ 材料 }

ポンチは電動ドリルで穴を開ける際に、位置をマーキングする道具です。

- 電動ドリル
- ポンチ・ハンマー・板 
- カップ＆ソーサー 
- ハオルチア十二の巻（春秋型）
- 多肉植物用の土

⚠ **注意　電動ドリルを使うときは保護メガネとマスクをかける**

電動ドリルを使うと削りかすなどが飛び散ることもあります。できれば保護メガネ、マスクを用意しましょう。手袋はドリルに巻き込まれる事故もあるので避けます。電動ドリルはスイッチを切っても惰性で回転を続けます。スイッチを切ったあとも、回転が止まるまでは注意しましょう。穴の数は器の大きさに合わせて調整します。

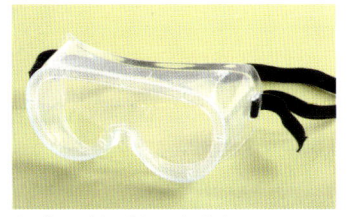

保護メガネがあると安心。

part 2 多肉植物を楽しむ　アレンジ・アイデア集

雑貨コラボ 4
Sundries Style
贈り物にアレンジする

多肉植物を素敵なプレゼントに。鉢植えはトートバッグに、バケツは直接寄せ植えして。

1 トートバッグは取手が植物の高さに合うものを選ぶ。

2 鉢を支えるためにトートバッグの底の大きさに合わせて厚紙を敷く。

3 植物を鉢ごとトートバッグに入れる。

4 トートバッグの取手にリボンを結び、完成。

（材料）
植物の大きさに合わせてトートバッグを選びましょう。

- 厚紙・リボン
- トートバッグ
- 鉢植えの多肉植物

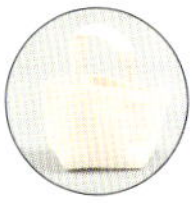

アイデア ➕ プラス！
バケツは底穴を開けて丸ごとラッピング

アンティーク加工のブリキのバケツは、そのまま寄せ植えをしてもおしゃれに見えます。プレゼントにするときはラッピング材をバケツの底から包み込み、胴体にリボンなどを巻きます。取手がついているので、そのまま持ち運べるのが便利。底穴がない器の場合は、もらった人が管理しやすいように穴を開けておくとよいでしょう。

ラッピング材を底に敷いてバケツ全体を包むようにラッピングする。

part 2　多肉植物を楽しむ　アレンジ・アイデア集

雑貨コラボ 5
Sundries Style

空き缶に植える

空き缶にエイジング加工を施し
味わいが溢れる
アンティーク風の缶に。

4 空き缶の中に多肉植物用の土を入れる。

1 空き缶の底に、ポンチとハンマーを使って穴を開ける。

5 植物を植えつける。

2 空き缶の表面にペンキをスプレーする。

6 完成。

3 ペンキが乾いたら、やすりで表面をこする。

材料

空き缶はラベルを取り、洗っておきます。ラベルが取れないものは、その上からペンキを塗ります。

- スプレーペンキ
- ポンチ・ハンマー・板 
- 空き缶 
- サボテン 竜神木（夏型）
- 多肉植物用の土
- 紙やすり 

アイデア＋プラス！

エイジング加工にはスプレーペンキが便利

空き缶や木箱などはペンキを使ってエイジング加工すれば、アンティーク感を演出できます。缶入りのペンキではなくスプレーペンキを使えば塗るのも簡単です。まずは、好みの色のペンキを軽くスプレーし、乾かしてからやすりをかけます。つぎに茶色のペンキをスプレーするとサビ感を出すことができます。スプレーペンキを使うときはマスクを着用しましょう。

雑貨コラボ6
Sundries Style

鳥カゴで吊り下げる

寄せ植えした多肉植物を鳥カゴに。ちょっと変わったハンギングスタイルのでき上がり

1 カゴなどの軽い器に寄せ植えをした多肉植物を用意する。

2 鳥カゴの内側に、ワラや枯れた植物を巻くように入れる。

3 鳥カゴの底にウッドパッキンを敷く。

4 鳥カゴの中に寄せ植えを置く。正面に向けて少し斜めに置くとよい。

5 つる性の植物を鳥カゴの外に出し、飛び出しているワラを整える。

6 鳥カゴのふたを閉めて完成。

【 材料 】
鳥カゴの大きさに合った寄せ植えを用意します。

- ウッドパッキン（木毛）
- ワラや枯れた植物 
- 寄せ植え・鳥カゴ 

その後の管理Point
株元に水を与え、生長したら植え替えを

水やりは先の細い水差しで、植物の根元に与えます。水苔を使っている場合は、水苔に水分を吸収させます。どちらも土や水苔が8割程度乾いてから水やりをします。植物が生長してきたら別の鉢に植え替えをしましょう。

アイデア＋プラス！
鳥カゴに直接植物を入れハンギングしたいときは

鳥カゴそのものを器として利用する場合は、ハンギングバスケットの寄せ植え（→P56）と同様に水苔を使います。鳥カゴの内側に水苔を敷いて多肉植物の土を入れ、植物を寄せ植えしましょう。

鳥カゴ風のオブジェも水苔を敷いてハンギングに。

part 2 多肉植物を楽しむ　アレンジ・アイデア集

雑貨コラボ7
Sundries Style

ちりとりに植える

吊り下げるタイプのちりとりで個性的なハンギングを。アウトドアにぴったりのアイテム

4 ちりとりに多肉植物用の土を入れる。

1 ちりとりの穴を開けたい部分にポンチとハンマーを使って傷をつける。

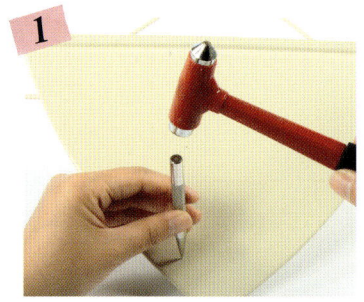

5 植物を植え込む。安定しないちりとりは、吊り下げると作業しやすい。

2 電動ドリルを使って穴を開ける。

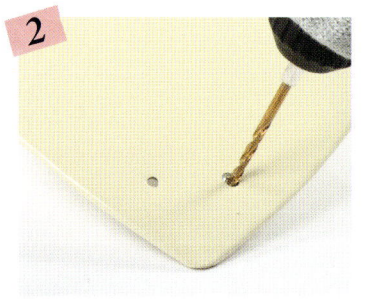

6 全体にバランスをみながら植え込み完成。

3 ちりとりの穴がかくれるように鉢底ネットを敷く。

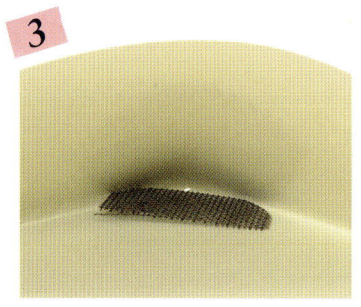

その後の管理Point
観葉植物が水を吸うので、表面が乾いたら水やりを

観葉植物があるので、日当たりのよい場所で管理し、土の表面が乾いたら水をたっぷり与えます。外壁などに吊り下げたまま水やりをすると、水が壁を伝い汚れの原因になるので注意しましょう。床置き型のちりとりの場合は、底に穴を開けても水が抜けにくいため、水やりをしたあとは水が抜けるのを確認するとよいでしょう。植物が生長してバランスが崩れてきたら植え替えます。

{材料}
華やかさの演出と水分調整のため、観葉植物を一緒に植え込みます。

- 電動ドリル
- ポンチ・ハンマー 
- ちりとり 
- ヘンリーヅタ（観葉植物） 
- 多肉植物用の土 
- 鉢底ネット 
- クラッスラ星乙女 
- アロエ sp. 
- アロエ sp.　春秋型
- クラッスラ黄金花月　夏型

part 2 多肉植物を楽しむ　アレンジ・アイデア集

寄せ鉢＆寄せ植えを楽しみながら栽培上手に

見た目の相性だけでなく、好む環境が同じものを組み合わせることで、いくつかの株をいっしょに育てることで、それぞれの株の個性をより深く知るのにも役立つでしょう。

見た目の姿と環境の相性をチェック

ひと株でも魅力いっぱいの多肉植物ですが、いくつかの株を組み合わせて寄せ植えすれば、お互いを引き立てあって、より魅力的な表情を見せてくれます。それぞれの生長の様子など個性の違いを見比べて観察することで、多肉植物をもっと深く知る近道にもなるでしょう。

寄せ植えする植物を選ぶときは、見た目の相性がよいのはもちろん、好む環境が似ているものを選ぶことが大切です。たとえば、夏の間に水をたっぷり与える植物と、水を控えめにする植物を寄せ植えしても上手く育ちません。組み合わせる植物に迷ったら、まずは「寄せ鉢」で楽しむのも手。とくにはじめて育てる多肉植物は、しばらく寄せ鉢で楽しみ、じっくりと個性を見極めてから相性のよい植物と寄せ植えすると安心です。

はじめての植物も安心

迷ったら、まず寄せ鉢に大きめの器に並べるだけ

寄せ鉢とはいくつかの鉢をいっしょの器に入れて楽しむ方法。同じ環境で育てながら生長の様子をチェックしたり相性のよい組み合わせを見比べたりでき、デザインを変えるのも簡単。はじめて寄せ植えを作る準備期間の楽しみとしてもおすすめ。

寄せ植えだと水の管理が難しい株も、乾きに応じて1株ずつ水やりできるので、組み合わせの幅も広がる。

POINT

株と株の間に風の通り道をつくるのが基本

寄せ鉢をするときには、外側の器と中に入れる鉢の縁の高さを、なるべく同じ高さにそろえるのがコツです。株元の位置が低いと風通しが悪くなり、蒸れて生育が悪くなることがあります。

器が深いときは、下に小石や人工培養土などを敷いて調節を。

OK 器と鉢縁の高さはそろえる。

NG 株元が低いと風通しが悪くなる。

part 2 多肉植物を楽しむ　アレンジ・アイデア集

多肉初心者もOK

環境の変化に強く
丈夫でよく茂る
タイプをチョイス

　セダムやクラッスラなどは、丈夫でよく繁茂する種類がたくさん。多くは壁面緑化に利用されるほど環境の変化に耐えるので、栽培環境の把握がまだ不安という初心者さんにも向く。

　植えつけたときに見た目のバランスが多少悪くても、心配無用。生長が早く、ナチュラルな雰囲気にこんもりと育つ。

POINT

生育が旺盛なセダムは
バランスを調整しながら管理を

　セダムは生育が旺盛で、春から秋の生育期にはぐんぐん生長します。そのまま育てると見た目のバランスを崩すだけでなく、株元が蒸れて生育が悪くなってしまいます。切り戻しをしたり、込み入った部分の葉茎を間引いたりして、全体の姿を整えながら育てましょう。

　切った葉茎は、さし穂に利用できます。日本にも自生するミセバヤ、マンネングサやメキシコマンネングサなどは根づきやすく、下葉を落として株元にさしておくだけでもOK。ちょっと寂しいと思う場所にさしておけば、寄せ植え全体にまとまりが出て、自然な雰囲気を演出できます。

丈夫な多肉植物を組み合わせて手間をかけずに長く楽しむ

写真の硬葉系ハオルチアやエケベリアのほか、小型のアロエやクラッスラなどの丈夫な仲間は、水やり回数が少なくてすみ、大きくしなくていいなら肥料も不要。たとえ自分の好まない環境であっても、ある程度順応する力を持っている。

多少、生育が遅くなったり葉が変色したり姿が乱れることもあるが、多肉植物はそんなちょっとイレギュラーに育った姿も味わい深い。手入れがしにくい場所や多忙ガーデナーにもおすすめ。

ほとんど手入れ不要

葉先が透き通ってガラス玉のよう ハオルチアの美しさを身近で堪能

窓辺で多肉植物を楽しみたいときにおすすめなのが、軟葉系のハオルチア。自生地では岩陰などに育つ種類で、半日陰や窓辺で育てるのに適する。葉先の「窓」と呼ぶ部分は、すりガラスのような半透明の質感で、光が弱い環境でも上手に光を取り込める仕組み。

株によって窓の質感が微妙に異なるので、コレクションの楽しみも。多肉植物の中では比較的水を好むが盛夏と冬は水を控えめにし、5℃以上で管理する。

冬は水やり控えめ

窓辺でも楽しめる

サボテンみたいだけれど すべてユーフォルビア。 同属の組み合わせで栽培をマスター

ユーフォルビア属には非常に多くの種があるが、玉サボテンに似た球形種や柱サボテンに似た樹木型をチョイス。姿はユニークだが管理は難しくなく、クリスマスにおなじみのポインセチアと同様でOK。

春から晩秋までは戸外の日当たりのよい場所で水は培養土が乾いたらたっぷりと、冬は室内に取り込み水を控えめにして管理する。切り口から出る乳液を肌につけないよう注意。

part 2　多肉植物を楽しむ　アレンジ・アイデア集

夏は水を切る

石ころのような姿が次第に変身
個体差を楽しむコレクション

　石に擬態して進化したといわれるリトープスの株元に、石を添えて自生地のエッセンスをプラス。自生地は日差しの強い乾燥地で、それと似た環境で管理すれば案外丈夫でよく増える。
　多くの草花と異なって夏に休眠するため、夏の間の水やりはほとんど不要。秋の生育期には中心からつぼみが出て花が咲き、春に「脱皮」する。1株を眺めるだけでもユニークな姿を堪能できるが、寄せ植えして見比べれば楽しさ倍増。

休眠期はほとんど見た目の変化がなく一見気難しい印象だが、生育期になればニョコニョコモコモコ変化して、実にキュート！

花は夜咲くもの、
昼咲くものがある。

夏の強光に要注意

シルバーリーフをメインに組み合わせて
スペースを明るく演出

　カランコエの月兎耳やセネキオは葉の表面が白っぽいうぶ毛で覆われて、まるでビロードのような質感。組み合わせたセダムもシルバーやブロンズタイプをチョイスして統一感を演出した。
　本来、日の当たる場所を好む植物たちだが、猛暑の強光や暑さに弱い傾向があるので要注意。盛夏は直射の当たらない明るい場所でもよく、風通しのよい環境づくりを心がける。冬は室内か0℃以上を保てる日当たりのよい場所に移動し、水を控えめにして管理する。

POINT

寄せ植えの利点のひとつは、
株の移動が楽なこと
季節によって適した場所で管理を

　多肉植物を元気に育てるコツは、できるだけ自生地に近い環境で育てることです。夏の日差しが強すぎる場合には遮光し、雨が多い季節に雨避けをするなどの工夫が必要で、小さな鉢をたくさん育てる場合には少しやっかいです。好む環境が似た株を寄せ植えしておけば、植物にとって適する場所に株を移動するのも楽。季節に応じた管理がしやすくなります。

多肉植物によく合う器

もっと素敵にアレンジしたい！

植物がより魅力的にみえる器選びも楽しいもの。庭や室内の雰囲気にあったものを探してみましょう。

カントリー
ナチュラルな雰囲気の寄せ植えに

▼ナチュラルな風合いの木製プランターには、紅葉するものを色鮮やかに。¥2,100（B）

▲麻ロープを取手にしたバスケット型の鉢。¥2,100（B）

和風
木立性やこんもりタイプのものを

▲セダムなどをこんもり植えたり、コーデックスを盆栽風にしても。¥525（A）

◀素朴な雰囲気の浅鉢は、和風にも洋風にもアレンジできる。¥892（A）

鉢カバー
シンプルな鉢もカバーをして個性的に

▲色が楽しい鉢カバーは多肉植物のグリーンがよく映える。手作りの1点ものなので、ほかにはない個性が魅力。鉢カバー（赤）¥5,880、鉢カバー（オレンジ、ターコイズ、グリーン）各¥1,785（C）

クラシカル
盛りだくさんの寄せ植えや大株に

▲庭の片隅に長い間放置されていたような風合いが個性的。¥924（A）

▼重厚な鉢はおおぶりな株の寄せ植えにおすすめ。¥1,890（B）

◀厚みのある鉢は大株の多肉植物を植えて存在感をアピール。¥819（A）

アンティーク
ミニ株を無造作に寄せ植えして

アンティーク風の水おけと手おけ。手おけの取手がフォークになっているのもユニーク。水おけ¥1,200、手おけ¥900（B）

▲ふたがついたスクエアボックスは、ミニ鉢を並べてインテリアに。¥3,990（B）

ポップなデザインのブリキバケツとカップ。ジャンクな感じが多肉にぴったり。バケツ¥1,890、カップ¥1,260（B）

商品取り扱いショップ／(A)Buriki no Zyoro (B)プロトリーフ (C)イデーショップ自由が丘店

part 3

人気の多肉植物
失敗なしの育て方カタログ

人気のある多肉植物を属ごとに分類し、
それぞれの育て方のポイントを紹介しています。
ただし、生育の状況は植物の状態、管理している環境、天候などで変わってきます。
ここで紹介しているのは、基本的な育て方ととらえ、
植物個々の状況を見ながら上手に管理してください。

カタログの見方

本カタログでは、246種類の多肉植物を掲載しています。最初に属についての基本的な解説・育て方をまとめ、そのあと、属に含まれる個々の植物を紹介します。

属の名前と特徴を説明しています。「属」とは生物分類上の階層のひとつで、科の下にくるものです。「エケベリア」という見出しが属名です。ただし、コーデックス（→P128）は属ではなく、植物の形態で「塊根植物」と呼ばれる植物の説明になっています。またサボテン（→P162）は、属名ではなく科名です。

エケベリア
Echeveria

種類が豊富で、美しい紅葉や花も魅力的です。水やりは鉢の中が乾いてから与えれば十分。暖地では戸外で冬越しできる種類も多く、丈夫で育てやすい多肉です。

▶ デスメチアナ

エケベリアは春秋型の多肉植物で、多彩な色の葉がバラのようにロゼット状になるのが特徴的です。大きさは直径3cm程度の小型種から、直径30cmにもなる大型種までさまざまです。晩秋から春にかけて紅葉、初春から夏にかけて花を咲かせます。紅葉は肥料を控えめにして、太陽の光にしっかり当てることできれいに色づきます。種類によっては開花させると株が弱ってしまうものがあります。そのため花の観賞を目的としない場合には、花芽を見たら切り落としておくとよいでしょう。葉ざし、枝ざしで殖やすことができます。葉ざしに用いる葉は、大きく厚いものよりも、小さな葉のほうが根がつきやすくなります。

Basic Data
- 科名：ベンケイソウ科
- 原産地：中央アメリカ、メキシコ
- 育てやすさ：🌱🌱🌱
- 日当たり：●●●
- 越冬温度：0℃

個々の植物の育て方です。属は違うけれど管理方法が似ているものを紹介している場合もあります。

名前　　学名

シャビアナ
Echeveria shaviana

タイプ	越冬温度
春秋型	3℃
日当たり	育てやすさ
◎◎◎	🌱🌱🌱

メキシコ高地原産で高温が苦手。強光は避け、風通しがよく日当たりのよい場所で過湿にならないように管理する。さし木で繁殖可能。

属の基本データです。
科名：科は生物分類の階層のひとつで、属の上にくるものです。そのページで紹介している属が含まれる科を記載しています。
原産地：主な原産地を記載しています。
育てやすさ：グリーン3段階で表示しています。グリーン3つは初心者でも育てやすいものです。グリーン2つは多肉の経験がある中級者向け。グリーン1つは管理がむずかしい上級者向けのものです。
日当たり：赤丸3段階で表示しています。赤丸3つは夏の直射日光でも問題ないものです。赤丸2つは日を好みますが夏は半日陰がよいもの。赤まる1つは1年を通して半日陰でもよいものです。
越冬温度：冬越しに耐えられる最低温度です。

タイプ：生育時期により分類される多肉植物のタイプ。夏に生育する夏型、冬に生育する冬型、温暖な時期に生育する春秋型があります。
越冬温度：冬越しに耐えられる最低温度です。
育てやすさ：グリーン3つは初心者向き、2つは中級者以上、1つは上級者向けのものです。
日当たり：赤丸3つは直射日光でもよいもの、赤丸2つは夏は半日陰がよいもの、赤丸1つは1年を通して半日陰でよいものです。

多肉植物の名前について

植物を上手に育てたいのであれば、まずは名前を知ることが大切です。名前が分かれば、本などで特性や管理方法を調べることができるからです。ただし、植物の名前は、学名、英名、和名、流通名などいろいろなものがあります。ひとつの植物でも人や販売店によって呼び名が変わることがあるのです。たとえば、ユーフォルビア花麒麟の場合は次のようになります。

```
学名／ユーフォルビア・ミリー（Euphorbia milii）
英名／クラウン・オブ・ソーンズ（Crown of thorns）
和名／ハナキリン
流通名／キスミークイック　など
```

これらの名前の中で、学術的な定義がなされているのは学名です。学名は世界共通の名前でラテン語で表記されます。表記にはルールがあり、基本は「属名・種小名」です。基本の植物を交配し人工的に作った植物は園芸品種と呼ばれ、「属名・種小名 '園芸品種名'」で表します。カタカナ表記の場合も、園芸品種名はシングルクォーテーション（''）でくくります。

属名	種小名		属名	種小名
Echeveria	peacockii		エケベリア・	ピーコッキー

属名	種小名	園芸品種名	属名	種小名	園芸品種名
Echeveria	peacockii	'Desmetiana'	エケベリア・	ピーコッキー	'デスメチアナ'

属名	園芸品種名	属名	園芸品種名	
Echeveria	'Party Dress'	エケベリア	'パーティードレス'	（種小名がないタイプ）

多肉植物の世界では、園芸品種名のほかに、園芸名というものもあります。これは、多肉植物・サボテン類独特のもので、野生植物（種や変種）を外国から持ちこんだときにつけられた日本風の名前です。

属名	種小名	属名	園芸名
Haworthia	limifolia	ハオルチア	瑠璃殿

属名	種小名	属名	園芸名
Kalanchoe	fedtschenkoi	カランコエ	胡蝶の舞

本書では、多肉植物の世界で一般的に流通している名前を優先しているため、学名、園芸品種名、園芸名が混在しています。日本語表記では、園芸品種名は学名どおりシングルクォーテーションをつけ、園芸名にはなにもつけずに表記するようにしています。

本書での分類について

本書では、植物を見た目や特徴などによって次の5つのタイプに分けています。左ページの左端にあるインデックスで確認してください。

花のようなロゼットタイプ ▶▶▶ P84〜93
エケベリア、グラプトペタルム、センペルビブム

葉が連なるこんもりタイプ ▶▶▶ P94〜111
アドロミスクス、オロスタキス、クラッスラ、セダム、ダドレア、パキフィツム

上に伸びる木立性タイプ ▶▶▶ P112〜131
アエオニウム、アロエ、カランコエ、コチレドン、コーデックス

葉がユニークな個性派タイプ ▶▶▶ P132〜157
ガステリア、コノフィツム、スタペリア、セネキオ、ハオルチア、フェルニア、リトープス

シャープなトゲありタイプ ▶▶▶ P158〜171
アガベ、サボテン、ユーフォルビア

※本書で説明している栽培方法は、とくに説明のないかぎり、関東地方以西を基準にしています。

エケベリア

Echeveria

種類が豊富で、美しい紅葉や花も魅力的です。水やりは鉢の中が乾いてから与えれば十分。暖地では戸外で冬越しできる種類も多く、丈夫で育てやすい多肉です。

▶ 'デスメチアナ'

エケベリアは春秋型の多肉植物で、多彩な色の葉がバラのようにロゼット状になるのが特徴的です。大きさは直径3cm程度の小型種から、直径30cmにもなる大型種までさまざまです。

晩秋から春にかけては紅葉し、初春から夏にかけて花を咲かせます。紅葉は肥料を控えめにして、太陽の光にしっかり当てることできれいに色づきます。種類によっては開花させると株が弱ってしまうものがあります。そのため花の観賞を目的としない場合には、花芽を見たら切り落としておくとよいでしょう。

葉ざし、枝ざしで殖やすことができます。葉ざしに用いる葉は、大きく厚いもののよりも、小さな葉のほうが根がつきやすくなります。

Basic Data

- 科名: ベンケイソウ科
- 原産地: 中央アメリカ、メキシコ
- 育てやすさ: 🌱🌱🌱
- 日当たり: ◉◉◉
- 越冬温度: 0℃

part 3 人気の多肉植物 失敗なしの育て方カタログ

花のようなロゼットタイプ ▼▼▼ エケベリア

	1月	2月	3月	4月	5月	6月	7月	8月	9月	10月	11月	12月
置き場所	日当たりのよい屋内か温室					雨の当らない日なた				日当たりのよい屋内か温室		
水やり	乾かし気味							土が乾いたら		乾かし気味		
肥料			緩効性肥料か液肥							緩効性肥料か液肥を少量		
植え替え			植え替えの適期							植え替えの適期		
殖やす			株分け・さし木・葉ざし							株分け・さし木・葉ざし		

トライ！ 茎が間延びしたものは仕立て直しを！

❶ 茎が間延びしてきたものは、カットして仕立て直しましょう。写真は久米舞。

❷ 太い茎は葉をつけて切り戻します。頭部はさし木と葉ざしにしましょう。

❸ 明るめの半日陰で管理し、新芽が動き出したら水やりをします。

Q 葉がダラダラと長く伸びてきてしまいました。美しい姿にするにはどうすればいいでしょうか？

A 葉が伸びすぎる原因には、日照と通風の不足、水のやりすぎなどが考えられます。適期なら、植え替えをしましょう。そのとき子株があれば株分けをしましょう。
植え替え直後は半日陰で管理し、その後は日当たりと風通しのよい場所に移します。葉がしわしわになってきたら水やりを行います。

育て方

置き場所
日当たり、通風のよいベランダや軒下。ただし、真夏は遮光し直射日光に注意する。寒冷地を除く地域では、秋中旬から霜が降りる前までは屋外栽培も可能。真冬は日当たりのよい室内や温室で管理する。

水やり
真夏は完全な断水ではなく、葉がしわしわになった状態で水やりを行う。生育期には、天気のよい午前中に。株の中心の成長点に水滴が残るとレンズ状になり、成長点を腐らせる原因になるので注意が必要。

肥料
生育期には緩効性肥料か液肥を施す。

病害虫
水のやりすぎによる根ぐされと冬場の凍結に注意。温暖な季節はワタアブラムシにも注意する。

冬越し
真冬は日当たりのよい室内や温室で管理する。

ピーコッキー
Echeveria peacockii

タイプ	越冬温度
春秋型	3℃

育てやすさ / 日当たり

明るく風通しのよい場所で、乾燥気味に管理する。真夏の直射日光、雨は避ける。春から秋は戸外でもよいが、冬は室内で管理するほうがおすすめ。水やりは、土が乾いたら鉢底から流れるまでたっぷり与える。

‘パーティードレス’
Echeveria ‘Party Dress’

タイプ	越冬温度
春秋型	0℃

育てやすさ / 日当たり

夏の強い日射しは避け、鉢内が高温多湿にならないように注意して管理する。乾燥に強く、水やりが多いと根ぐされを起こしやすい。土が乾いたらたっぷり与える。耐寒性があり、紅葉する。

‘キャロル’
Echeveria ‘Carol’

タイプ	越冬温度
春秋型	3℃

日当たり / 育てやすさ

韓国で作られた園芸品種。高温多湿を避けて管理する。日を当てることで紅葉する。葉を覆う産毛が太く、白い結晶のようにも見える。

王妃錦司晃（おうひにしきしてる）
Echeveria ciliata

タイプ	越冬温度
春秋型	3℃

日当たり / 育てやすさ

葉に白毛があり、葉のふちが色づく。真夏の高温多湿が苦手。日当たりや風通しのよい場所に置き、水やりは土が乾いてから行う。

シャビアナ
Echeveria shaviana

タイプ	越冬温度
春秋型	3℃

日当たり / 育てやすさ

メキシコ高地原産で高温が苦手。強光は避け、風通しがよく日当たりのよい場所で過湿にならないように管理する。さし木で繁殖可能。

part 3　人気の多肉植物　失敗なしの育て方カタログ

花のようなロゼットタイプ ▶▶▶ エケベリア

女王の花笠（じょおうのはながさ）
Echeveria 'Meridian'

タイプ	越冬温度
春秋型	3℃

日当たり　育てやすさ

葉先にフリルがあり紅葉するタイプ。日当たり、風通しのよい場所で管理する。水やりは土が乾いたらたっぷり与える。

'ジュリア'
Echeveria 'Julia'

タイプ	越冬温度
春秋型	3℃

日当たり　育てやすさ

葉のふちがピンクに色づく交配種。順応性が強く丈夫だが、寒さには弱いため、冬は室内管理に。土が乾いたら水を与える。

錦晃星（きんこうせい）
Echeveria pulvinata

タイプ	越冬温度
春秋型	0℃

日当たり　育てやすさ

寒さには比較的強く、霜に当てないようにして凍結を防ぐ。冬は水やりを控えると締まった状態を保てる。葉ざし、さし木で殖やせる。

'デスメチアナ'
Echeveria peacockii 'Desmetiana'

タイプ	越冬温度
春秋型	3℃

日当たり　育てやすさ

ピーコッキーの交配種で白さが際立つ。真夏の直射日光を避け、明るく風通しのよい場所で乾燥気味に管理する。葉先が紅葉する。

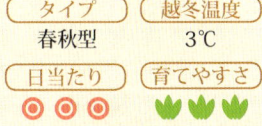

魅惑の宵（みわくのよい）
Echeveria agavoides cv.

タイプ	越冬温度
春秋型	3℃

日当たり　育てやすさ

大型の園芸品種。葉の先が細くとがっており、ふちが赤いのが特徴的なタイプ。過湿により根ぐされを起こすので注意。

'すみれ牡丹'（すみれぼたん）
Echeveria 'Sumire Botan'

タイプ	越冬温度
春秋型	3℃

日当たり　育てやすさ

高温多湿が苦手。夏は直射日光を避け、水やりも控える。乾燥に強く、生育期でも乾かし気味でよい。寒暖の差で紅葉する。

錦の司
Echeveria harmsii

タイプ	越冬温度
春秋型	3℃

日当たり ／ 育てやすさ

年間を通して日当たりのよい場所に置くが、高温多湿に弱いので、夏は水やりを控えて風通しを確保し、乾かし気味に管理する。

'トプシータービー'
Echeveria runyonii 'Topsy Turvy'

タイプ	越冬温度
春秋型	3℃

日当たり ／ 育てやすさ

蒸し暑さに弱く、夏は直射日光を避け、水やりも控える。秋から春にかけては土が乾いてからたっぷりと水を与える。

静夜
Echeveria derenbergii

タイプ	越冬温度
春秋型	3℃

日当たり ／ 育てやすさ

葉が密に重なり、先端が赤くなる。日当たりを好むが、強光は避ける。水は控えめに管理し、与える際は葉にかからないようにする。

'ピンクレディ'
Echeveria 'Pink Lady'

タイプ	越冬温度
春秋型	3℃

日当たり ／ 育てやすさ

風通しをよくし、直射日光を避けた涼しい場所で管理する。乾燥に強く、高温多湿が苦手なため、水は乾かし気味に。

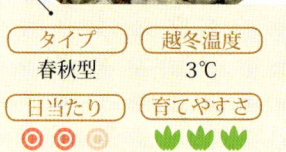

初恋
Echeveria 'Huthspinke'

タイプ	越冬温度
春秋型	3℃

日当たり ／ 育てやすさ

春から秋は、雨が当たらず日当たりのよい戸外で管理する。水やりが多すぎると紅葉しないため乾かし気味の管理でOK。

野ばらの精
Echeveria cv.

タイプ	越冬温度
春秋型	3℃

日当たり ／ 育てやすさ

蒸れに弱いため、とくに夏場は風通しのよい場所で管理する。十分に太陽に当てると締まった株に育つ。葉ざし、株分けで殖やせる。

part 3　人気の多肉植物　失敗なしの育て方カタログ

花のようなロゼットタイプ ▼▼▼ エケベリア

ミニマ
Echeveria minima

- タイプ：春秋型
- 越冬温度：3℃
- 日当たり
- 育てやすさ

通年、雨が当たらず日の当たる場所に置く。水やりは土が乾いたら行い、生育期にはたっぷり与える。小型だが子株をつけやすい。

'ボンビシナ'
Echeveria 'Bonbycina'

- タイプ：春秋型
- 越冬温度：3℃
- 日当たり
- 育てやすさ

基本的には風通しがよく日の当たる場所で管理する。水やりは控えめで、葉にかからないようにする。また過湿や夏期の直射日光には注意。

'ホワイトローズ'
Echeveria 'White Rose'

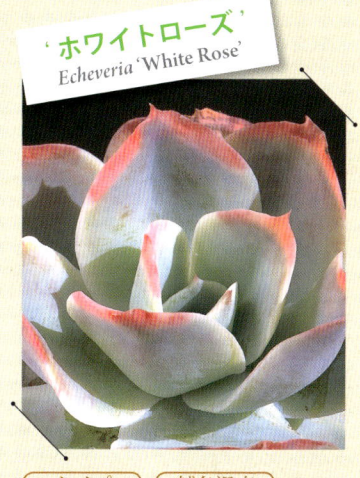

- タイプ：春秋型
- 越冬温度：3℃
- 日当たり
- 育てやすさ

生育期には日当たりのよい場所で管理する。高温多湿や寒さに弱く、夏と冬には適宜半日陰や屋内へ移すようにする。

樹氷（じゅひょう）【エケベリアの仲間】
× *Sedeveria* 'Silver Frost'

- タイプ：春秋型
- 属：セデベリア
- 越冬温度：3℃
- 育てやすさ
- 日当たり

冬は葉先がほんのりと赤く紅葉する。徒長を防ぐため、日の当たる場所で管理する。土が乾いたら水を与える。

群月冠（ぐんげつかん）【エケベリアの仲間】
× *Sedeveria* cv.

- タイプ：春秋型
- 属：セデベリア
- 越冬温度：3℃
- 育てやすさ
- 日当たり

エケベリア属とセダム属との交配種。太陽に十分当て、水やりは土が乾いたらたっぷり与える。スプリングジェイドの名もある。

モラニー
Echeveria moranii

- タイプ：春秋型
- 越冬温度：3℃
- 日当たり
- 育てやすさ

日当たり、通風のよい場所で栽培し、水やりは鉢の中が乾いてから行うようにする。真夏の直射日光や強光には注意が必要。

グラプトペタルム

Graptopetalum

エケベリアに近いグループで、茎が立ちあがり、肉厚の葉がロゼット状につきます。葉に白粉がつくものやブロンズ色になるもの、春と秋に紅葉する種類もあります。

▶ 姫愁麗

肉厚の三角形の葉が茎の先にロゼット状について、愛らしい雰囲気をただよわせるグラプトペタルムは、株の根元に子株を出して殖え、数年もたつと、いくつもの株が群生するようになります。春には直径1cmの花が咲きます。

原産地では標高1200〜2300mあまりの高地に生えているので、比較的寒さに強く、暖かい地域では戸外で冬を越すこともできます。丈夫で育てやすい種類ですが、群生したままにしておくと、夏の高温多湿期に蒸れて腐ってしまうことがあります。春から夏に、茎を株元で切って植え替えをしたり、株分けをかねて植え替えをしたり、茎を株元で切り取って整理したりして風通しをよくしてやりましょう。切った茎はさし木で発根させることができます。

Basic Data

科名
ベンケイソウ科

原産地
アメリカ南西部からメキシコ

育てやすさ 🌱🌱🌱

日当たり ☀☀☀

越冬温度 0℃

part 3 人気の多肉植物　失敗なしの育て方カタログ

花のようなロゼットタイプ ▶▶▶ グラプトペタルム

	1月	2月	3月	4月	5月	6月	7月	8月	9月	10月	11月	12月
置き場所	日当たりのよい屋内か温室			雨の当たらない風通しのよい半日陰							日当たりのよい屋内か温室	
水やり	乾かし気味			土が乾いたら			乾かし気味			土が乾いたら		乾かし気味
肥料		緩効性肥料か液肥を少量							緩効性肥料か液肥を少量			
植え替え		植え替えの適期							植え替えの適期			
殖やす		株分け・さし木・葉ざし							株分け・さし木・葉ざし			

朧月
Graptopetalum paraguayense

- タイプ：春秋型
- 越冬温度：0℃
- 日当たり：◎◎◯
- 育てやすさ：🌱🌱🌱

過湿に弱いため、水やりは控えめに管理する。冬期は断水気味に。日当たりを好むが、強光は葉焼けの原因になる。葉ざしで簡単に殖える。

姫愁麗
Graptopetalum mendozae

- タイプ：春秋型
- 越冬温度：0℃
- 日当たり：◎◯◯
- 育てやすさ：🌱🌱🌱

風通しのよい半日陰に置き、日をあまり当てすぎないように管理する。水やりはやや控えめにし、鉢の中が乾いてからで十分。

都の霞
Graptopetalum cv.

- タイプ：春秋型
- 越冬温度：0℃
- 日当たり：◎◎◎
- 育てやすさ：🌱🌱🌱

朧月の交配種。日当たりのよい戸外で管理し、土が乾いたら水をやる。肥料を控えめにすると根ぐされを起こしにくい。

育て方

置き場所
ベランダや軒下など、雨が当たらないところに置く。日当たりのよい場所を好み、日照不足では葉色がきれいに出なかったり茎が徒長したりする。冬は霜が降りるところでは室内に入れるほうがよい。

水やり
鉢土が乾いてから、鉢底から水が流れでるくらいたっぷりと与える。冬は水やりを控えると寒さをしのぎやすくなる。

肥料
肥料分が多いと徒長するので控えめにする。

病害虫
アブラムシやカイガラムシがつきやすい。アブラムシは温暖な季節に出やすいので、過乾にならないように管理する。

冬越し
暖地では戸外で冬越しできるが、凍らないように、覆いなどをして管理するとよい。室内でも、日当たりのよい場所に置く。

Sempervivum

センペルビブム

三角の葉が密生して花のように見え、群生するとみごとです。春、株が動き出す前に、ロゼットの外側の枯れた葉をきれいに取り除き、株が蒸れないように管理しましょう。

▶ 巻絹

Basic Data

科名
ベンケイソウ科

原産地
ヨーロッパ中部からロシア、アフリカ北西部

育てやすさ
🌱🌱🌱

日当たり
◉◉◉

越冬温度
-5℃

ヨーロッパからロシアの高山やアフリカのアトラス山脈に多く、原産地では岩盤や岩壁をおおうように生えています。茎はほとんどなく、葉はロゼット状に密着してつきます。春に、ロゼットの基部からランナー（走出枝）を出して、その先に子株をつけ、群生するようになります。生育を始めて数年たつと、ロゼットの中心から花茎をのばして花を咲かせますが、1度花が咲くと、その株は枯れてしまいます。

株が群生するので、高温多湿の時期には蒸れて腐りやすくなります。通気性がよく排水のよい土に植えて、蒸れないように管理しましょう。寒さや乾燥に強く、本州中部の高冷地や東北地方、北海道などでは屋外でもよく育ちます。

part 3　人気の多肉植物　失敗なしの育て方カタログ

花のようなロゼットタイプ ▼▼▼ センペルビブム

	1月	2月	3月	4月	5月	6月	7月	8月	9月	10月	11月	12月
置き場所		風通しのよい日なた					風通しのよい半日陰			風通しのよい日なた		
水やり	乾かし気味			土が乾いたら			乾かし気味			土が乾いたら		
肥料				液肥を少量与える								
植え替え				植え替えの適期								
殖やす					株分け・さし木							

'オディティ' Sempervivum 'Oddity'

タイプ: 春秋型　**越冬温度**: -5℃
日当たり: ◎◎◎　**育てやすさ**: 🌱🌱🌱

円筒状の葉が特徴。丈夫で耐寒性があり、冬でも日当たりのよい戸外で栽培が可能。乾燥には強いため、水は鉢土が十分に乾いてから与える。

巻絹 Sempervivum arachnoideum

タイプ: 春秋型　**越冬温度**: -5℃
日当たり: ◎◎◎　**育てやすさ**: 🌱🌱🌱

風通しのよい場所で、日に十分当てるとしまりのよい株になる。寒くなってきたら水やりを少なめにし、よく日に当てる。

'レインハード' Sempervivum 'Reinhard'

タイプ: 春秋型　**越冬温度**: -5℃
日当たり: ◎◎◎　**育てやすさ**: 🌱🌱🌱

年間を通して戸外管理ができる。夏は風通しがよく明るい日陰に置き、冬は日射しのある場所に移動させるとよい。乾き気味に育てる。

育て方

置き場所
高温時の多湿をとくに嫌うので、ベランダか軒下のあまり雨の当たらないところに置き、夏は遮光する。庭に植えるときには、夏の強い日射しを避けて、水はけのよい場所を選ぶ。

水やり
春と秋の生長期には、7〜10日に1度、たっぷりと水を与える。冬と夏は休眠期なので、水やりを控える。夏の水やりは、早朝か夕方にすませ、与えすぎないように注意が必要。

肥料
春から初夏の生長期に、薄い液肥を月1回程度与える。

病害虫
高温多湿になる梅雨時にカイガラムシが発生することがある。

冬越し
もともと高山性の植物なので、屋外でも冬越し可能。雪が積もっても、その下で休眠したまま冬を越す。

アドロミスクス

Adromischus

肉厚の葉の形が種類によってさまざまに異なり、葉に斑紋(はんもん)が入るものもあるアドロミスクスは、コレクションするのが楽しくなるグループです。

▶ 天錦章

Basic Data

- 科名: ベンケイソウ科
- 原産地: 南アフリカからナミビア
- 育てやすさ: 🌱🌱🌱
- 日当たり: ● ● ◉
- 越冬温度: 3℃

アドロミスクスは、南アフリカのケープ州からナミビア南西部にいたる砂漠地帯が原産地です。葉はぷっくりとふくらんで愛らしく、ふちがフリルのように波うつものや、丸くて紫紅色にふち取られるもの、「緑の卵」のようにコロンとした卵形などバラエティーがあります。茎は短く、葉の付け根から茶色い気根を出し珍奇な姿になる種もあります。

砂漠の乾燥地帯に生えているので、つねに乾き気味に管理し、とくに夏は断水したほうがよいでしょう。生育期は秋から春。葉に模様が入るものは、繊細で比較的栽培がむずかしいものもあります。葉が取れやすいのですが、取れた葉は土にさしておくと発根してきます。葉ざしのほか、さし木、実生でも増殖できます。

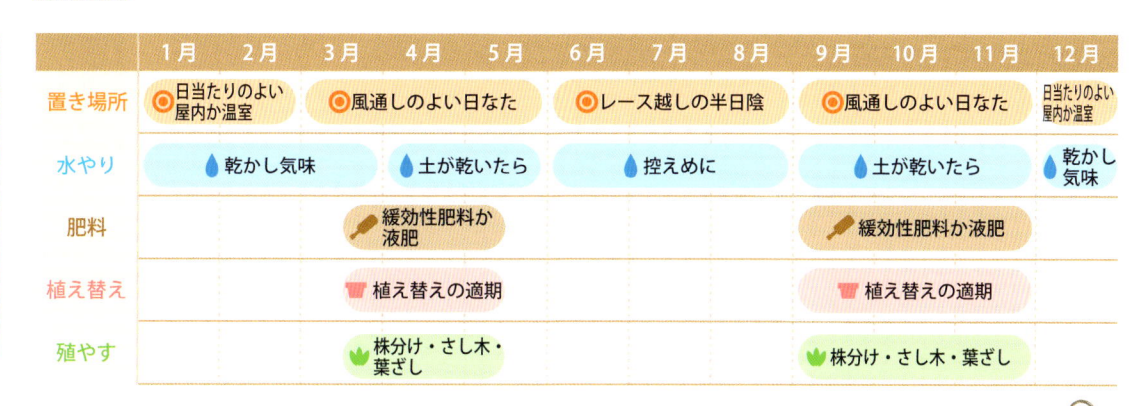

part 3 人気の多肉植物　失敗なしの育て方カタログ

葉が連なるこんもりタイプ
▼▼▼ アドロミスクス

	1月	2月	3月	4月	5月	6月	7月	8月	9月	10月	11月	12月
置き場所	日当たりのよい屋内か温室		風通しのよい日なた			レース越しの半日陰			風通しのよい日なた			日当たりのよい屋内か温室
水やり	乾かし気味			土が乾いたら			控えめに			土が乾いたら		乾かし気味
肥料			緩効性肥料か液肥						緩効性肥料か液肥			
植え替え			植え替えの適期						植え替えの適期			
殖やす			株分け・さし木・葉ざし						株分け・さし木・葉ざし			

ヘレイ
Adromischus herrei

タイプ 春秋型　**越冬温度** 3℃
日当たり ◎◎○　**育てやすさ** 🌱🌱🌱

表面がデコボコした葉を持つ。水やりは葉に直接かからないように与え、真夏と真冬は乾かし気味にする。日に当てると紅葉する。

天錦章
Adromischus cooperi

タイプ 春秋型　**越冬温度** 3℃
日当たり ◎◎◎　**育てやすさ** 🌱🌱○

休眠期の夏は半日陰で、秋から春にかけては日を十分に当てる。春頃になると、とても長い花茎を伸ばし小さな花をつける。用土が乾いたらたっぷりと水を与える。

緑の卵
Adromischus mammillaris

タイプ 春秋型　**越冬温度** 3℃
日当たり ◎◎○　**育てやすさ** 🌱🌱○

葉は1～2cm程度で茎は這うように育つ。生育期は用土が乾いたらたっぷりと水を与え、休眠期は半日陰へ移動させる。

育て方

置き場所
高温多湿に弱いので、夏は戸外の軒下など、風通しがよく適度に遮光できる場所に置くようにする。冬は霜が降りる頃までに室内に取り込んで、日当たりのよい場所で管理する。

水やり
夏は休眠期なので、水やりは控え、葉がしわしわしてきたらたっぷりと与える。秋から春までの生育期でも、水をやりすぎるとくさりやすくなるので、土が乾いたらたっぷりと与えるようにする。

肥料
生育期がはじまる頃に、ごくうすい液肥を与えるとよい。

病害虫
水のやりすぎによる根ぐされに注意する。

冬越し
冬は室内の日当たりのよい場所に置き、夜はカバーをかけるなどして寒気を避けるようにする。

オロスタキス

Orostachys

さじ形や棒状の厚い葉がロゼット状につくオロスタキスは、やさしい雰囲気があります。日本のイワレンゲは野生品がほとんど見られなくなり、絶滅が心配されています。

▶ '富士'

ロシアのウラル山脈からシベリア、中国をへて日本にも自生するオロスタキスは、多肉植物の中でも比較的寒さに強く、育てやすいグループです。さじ形の葉がロゼット状につくイワレンゲや棒状の葉が密につくツメレンゲなどは日本原産で、古くから庭や茅葺屋根(かやぶき)の上などで栽培されてきました。イワレンゲは「岩蓮華」と書き、ロゼット状の葉を蓮華(ハスの花)に見立てて名前がついています。秋になると、長い花穂を出してたくさんの花を咲かせます。花が咲くと、その株は枯れるので、春に新芽を摘み取って茎の生長を止め、子株をつけさせるとよいでしょう。葉ざしのほか、ランナーを出して殖える種類では、株分けで殖やすことができます(→P32)。

Basic Data

- **科名**: ベンケイソウ科
- **原産地**: シベリア、中国、日本
- **育てやすさ**: 🌱🌱🌱
- **日当たり**: ☀☀☀
- **越冬温度**: -5℃

part 3　人気の多肉植物　失敗なしの育て方カタログ

葉が連なるこんもりタイプ　▼▼▼オロスタキス

	1月	2月	3月	4月	5月	6月	7月	8月	9月	10月	11月	12月
置き場所	日当たりのよい屋内かベランダ				風通しのよい日なた							日当たりのよい屋内かベランダ
水やり	乾かし気味				土が乾いたら							乾かし気味
肥料				緩効性肥料か液肥								
植え替え				植え替えの適期								
殖やす					株分け・さし木							

対馬ツメレンゲ
Orostachys japonica 'Tsushima'

- タイプ: 春秋型
- 越冬温度: 0℃
- 日当たり: ◎◎◎
- 育てやすさ: 🌱🌱🌱

耐寒性があるが、高温多湿に弱いため、風通しのよい場所に置き、水のやりすぎに注意する。通常は緑色で、冬に紅葉する。

コモチレンゲ
Orostachys boehmeri

- タイプ: 春秋型
- 越冬温度: 0℃
- 日当たり: ◎◎◎
- 育てやすさ: 🌱🌱🌱

日当たりのよい場所に置き、春から秋は用土が乾いたら水を与える。冬は断水。生育が旺盛なため、1年に1回は植え替えるとよい。

富士
Orostachys iwarenge 'Fuji'

- タイプ: 春秋型
- 越冬温度: 0℃
- 日当たり: ◎◎◎
- 育てやすさ: 🌱🌱🌱

細身の茎を伸ばし、生育が旺盛。日光を好み、春から秋は用土が乾いたら水を与える。冬は断水で管理する。

育て方

置き場所
寒さに強く、冬も戸外で栽培できるが、梅雨期や秋の長雨の季節には、軒下などに入れて雨に濡れないようにする。葉に斑の入るものは、夏の間、風通しがよく涼しい日陰に置くとよい。

水やり
夏は株が蒸れないように、早朝や夕方の涼しい時間帯に水を与える。12～3月の休眠期は水やりを控えるようにする。

肥料
生育期にごく薄い液肥を月1回程度施す。

病害虫
初夏や秋はウドンコ病の発生に注意する。ツメレンゲなどは子株がよく殖えるので生理障害の根づまりも起こしやすい。

冬越し
比較的寒さに強く、戸外で冬越しできるが、軒下などに入れて霜に当てないようにする。ベランダでは、鉢を二重にして寒気を防ぐのもよい。

クラッスラ

Crassula

基本的には真夏、真冬に注意すれば育てやすい種類です。小型種から大型種まで種類も豊富で、紅葉が楽しめるものもあります。基本の育て方などは、冬型の小型種について示しています。

▶ '神刀'

クラッスラは原種だけでも300種ほどもある大きな属です。同じクラッスラであっても、低く横に広がるもの、木立性のもの、柱状など生育のしかたはさまざま。葉の形も平たいもの、コロンとしたもの、細長いもの、三角形、楕円など多くの種類があり、花よりも葉の観賞度が高い植物です。

種類によって、夏型、冬型、春秋型があります。市販されている園芸種は種類に関係なく「クラッスラ」と表記されていることも多いため、できるだけ名前を確かめて、どのタイプかを確認するとよいでしょう。いずれのタイプも風通しのよい、日の当たる場所で育てるのが理想です。さし木、葉ざしで簡単に殖やすことができます。

Basic Data

- **科名**: ベンケイソウ科
- **原産地**: 主に南アフリカ、マダガスカル島
- **育てやすさ**: 🌱🌱🌱
- **日当たり**: ◉◉◉
- **越冬温度**: 0〜3℃

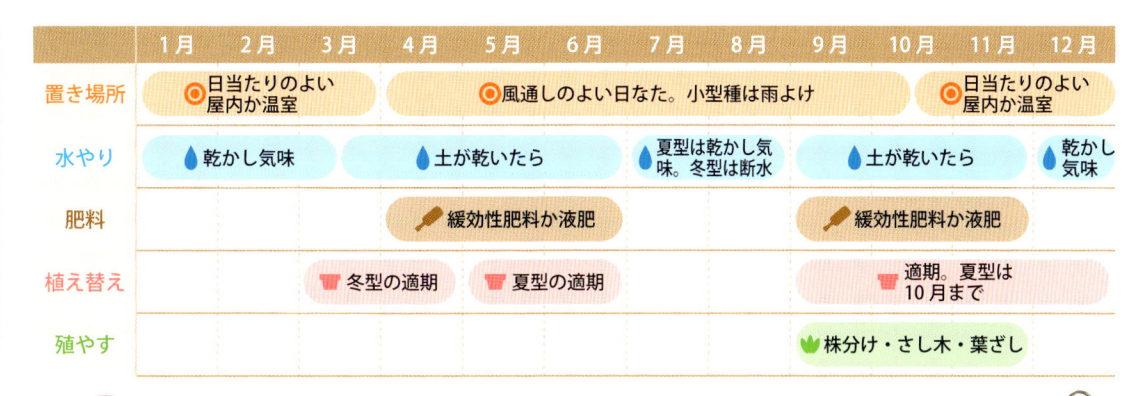

part 3　人気の多肉植物　失敗なしの育て方カタログ

葉が連なるこんもりタイプ　▼▼▼　クラッスラ

	1月	2月	3月	4月	5月	6月	7月	8月	9月	10月	11月	12月
置き場所	日当たりのよい屋内か温室				風通しのよい日なた。小型種は雨よけ						日当たりのよい屋内か温室	
水やり	乾かし気味			土が乾いたら			夏型は乾かし気味。冬型は断水		土が乾いたら			乾かし気味
肥料			緩効性肥料か液肥						緩効性肥料か液肥			
植え替え			冬型の適期		夏型の適期				適期。夏型は10月まで			
殖やす									株分け・さし木・葉ざし			

トライ！　乱れた株を仕立て直してみよう！

❸ 3カ月後。肉厚の葉が群生し、こんもりとしたシルエットになりました。

❷ 全体的に高さをそろえるように切り戻します。

❶ 葉が落ちて形が乱れてきた株。間延びした茎を切り取って整理しましょう。

Q 夏型と冬型で育て方の違いはありますか？

A 夏型は戸外に置くほうが強い株に育ちます。雨よけのある風通しのよい場所が最適です。真冬の時期は室内に取り込むほうがいいでしょう。冬型は5月頃から水やりを控え、7〜8月の夏場は乾燥気味にしておくと安心です。高温多湿にならないようにすることが大切で、扇風機などで人工的に風を送るのもおすすめです。

育て方

置き場所
日当たり、通風のよいベランダや軒下で管理。葉焼けを防ぐため真夏は半日陰で。室内の窓辺などでもよい。長雨にはさらさないようにする。

水やり
多湿に弱いため土が乾いてから水やりを。休眠期は葉がしわしわになってきたら水を与える。

肥料
春と秋に少量の固形肥料や液体肥料を与える。量が多いと茎が間延びすることがあるのでほどほどに。

病害虫
黒星病の危険がある。長雨による黒星病は完治できないので、雨に当てないように注意する。害虫は、ワタアブラムシやネジラミに注意。

冬越し
静岡以西では戸外の軒下であれば越冬可能。ただし、寒さが厳しい時期は室内管理に切り替えるほうが無難。

アルボレッセンス
Crassula arborescens

タイプ	越冬温度
春秋型	3℃
日当たり	育てやすさ
◎◎◎	🌱🌱🌱

日当たりのよい場所で管理する。乾燥に強く、水は土が乾いてから与えるようにする。夏場の直射日光と冬場の凍結に注意する。

赤鬼城
Crassula sp.

タイプ	越冬温度
春秋型	0℃
日当たり	育てやすさ
◎◎◎	🌱🌱🌱

日当たりがよく、雨のかかりにくい場所で管理する。水やりは控えめに。0℃を下回らなければ戸外で越冬することも可能。

'アイボリーパゴダ'
Crassula 'Ivory Pagoda'

タイプ	越冬温度
春秋型	0℃
日当たり	育てやすさ
◎◎◎	🌱🌱🌱

高温多湿に弱いため、風通しのよい場所で管理する。とくに夏場は水やりを控え、半日陰の涼しい場所で管理する。子株をつけやすい。

'ジェイドタワー'
Crassula 'Jade Tower'

タイプ	越冬温度
春秋型	3℃
日当たり	育てやすさ
◎◎○	🌱🌱🌱

白い粒のついたような葉は日に当てると葉先が紅葉する。通気性のよい場所で管理し、土が乾いたらたっぷり水を与える。

赫麗
Crassula hyb.

タイプ	越冬温度
春秋型	3℃
日当たり	育てやすさ
◎◎◎	🌱🌱🌱

日当たり、風通しのよい場所を好むが、夏場は直射日光を避けて半日陰へ移動させるとよい。水やりは土が乾いてから行うようにする。

大型緑塔
Crassula pyramidalis

タイプ	越冬温度
春秋型	0℃
日当たり	育てやすさ
◎◎○	🌱🌱🌱

明るい半日陰で管理し、真夏は基本的に断水するほうがよい。寒さには強いが霜には当てないようにする。緑塔よりも幹が太い。

part 3　人気の多肉植物　失敗なしの育て方カタログ

葉が連なるこんもりタイプ
▼▼▼ クラッスラ

クラバータ
Crassula clavata

タイプ	越冬温度
春秋型	3℃

日当たり	育てやすさ
◉◉○	🌱🌱

夏場は休眠するため、風通しのよい半日陰で断水気味に管理する。秋から春は日当たりのよい場所に移す。乾燥に強く、水やりは控えめに。

銀揃（ぎんぞろえ）
Crassula mesembrianthoides

タイプ	越冬温度
春秋型	3℃

日当たり	育てやすさ
◉◉○	🌱🌱

風通しと日当たりのよい場所で乾燥気味に管理し、冬は凍結しないように注意する。短毛の生えた円筒形の葉が特徴。

'キムナッチー'
Crassula 'Kimnachii'

タイプ	越冬温度
春秋型	3℃

日当たり	育てやすさ
◉◉○	🌱🌱

日当たりがよく、雨の当たらない場所で管理する。高温多湿が苦手なため、真夏は風通しのよい半日陰に移すとよい。真冬と夏は基本的に断水。

青鎖竜（せいさりゅう）
Crassula lycopodioides

タイプ	越冬温度
春秋型	3℃

日当たり	育てやすさ
◉◉○	🌱🌱🌱

耐暑、耐寒性に強く、さし木で容易に繁殖させることができる。根腐れを避けるため、梅雨時期と冬場の過湿には注意する。

小型神刀（こがたしんとう）
Crassula perfoliata v. minor

タイプ	越冬温度
春秋型	3℃

日当たり	育てやすさ
◉◉○	🌱🌱🌱

太陽に十分当てるが、光が強すぎると葉焼けするので真夏は遮光気味で管理。夏は土が乾いたらたっぷり水やりを。丈夫で育てやすい。

月光（げっこう）
Crassula barbata

タイプ	越冬温度
冬型	3℃

日当たり	育てやすさ
◉◉○	🌱🌱

南アフリカ原産。乾燥に強い反面、過湿には弱いため、水やりは控えめにする。風通しの確保や雨に当てないなどの工夫も必要。

火祭り
Crassula capitella 'Campfire'

タイプ	越冬温度
春秋型	0℃

日当たり ◎◎◎　育てやすさ 🌱🌱🌱

耐寒性、耐暑性が高く、強光にも強い。寒冷地以外では戸外で越冬可。日当たりのよい場所で管理し、水は土が乾いてから与える。

稚児姿
Crassula deceptor

タイプ	越冬温度
冬型	3℃

日当たり ◎◎　育てやすさ 🌱🌱

日当たりを好むが、高温多湿を避けるため夏期は風通しのよい半日陰で管理する。土が乾いたらたっぷり水を与え、真冬と真夏は控えめに。

玉稚児
Crassula arta

タイプ	越冬温度
冬型	3℃

日当たり ◎◎　育てやすさ 🌱🌱

真冬の直射日光は葉焼けの原因になるため、夏は半日陰で管理。それ以外は日がよく当たる風通しのよい場所に置く。水やりは控えめ。

姫星
Crassula 'Tom Thumb'

タイプ	越冬温度
春秋型	0℃

日当たり ◎◎◎　育てやすさ 🌱

年間を通して通気性と日当たりのよい場所で管理する。水やりは多湿にならないように控えめにし、冬場は凍らないところに移動する。

姫花月錦
Crassula ovata

タイプ	越冬温度
夏型	5℃

日当たり ◎◎◎　育てやすさ 🌱🌱

日当たり、風通しを好むが、強い直射日光は避ける。水は控えめに管理する。冬場は室内に移動して凍結を防ぐ。

姫花月
Crassula ovata

タイプ	越冬温度
夏型	3℃

日当たり ◎◎◎　育てやすさ 🌱🌱

風通し、日当たりのよい場所に置き、冬場は凍結に注意する。多湿は根ぐされの原因になるため、乾燥気味に管理するとよい。

part 3　人気の多肉植物　失敗なしの育て方カタログ

葉が連なるこんもりタイプ
▼▼▼ クラッスラ

'リンゴ火祭り'
Crassula 'Ringo-Himatsuri'

- タイプ：春秋型
- 越冬温度：0℃
- 日当たり：◎◎◎
- 育てやすさ：🌱🌱🌱

年間を通して日当たりのよい戸外で管理する。乾燥に強く、水やりは控えめに行う。適度な日射しと寒さによって、冬場に真っ赤に紅葉する。

円刃
Crassula sp.

- タイプ：春秋型
- 越冬温度：5℃
- 日当たり：◎◎◎
- 育てやすさ：🌱🌱🌱

日当たりを好むが、真夏は直射日光を避け明るい半日陰で管理する。生育期は土が乾いたらたっぷり水をやり、冬は乾燥気味にする。

星乙女
Crassula perforata

- タイプ：春秋型
- 越冬温度：3℃
- 日当たり：◎◎◎
- 育てやすさ：🌱🌱🌱

多湿による根ぐされに注意が必要。また、水やりは葉にかからないように気をつける。夏の強い日射しにも弱く、夏は遮光して半日陰で管理。

若緑
Crassula lycopodioides var. pseudolycopodioides

- タイプ：春秋型
- 越冬温度：0℃
- 日当たり：◎◎◎
- 育てやすさ：🌱🌱🌱

耐暑性、耐寒性があるが、霜に当たらないように注意する。乾燥には強いので、水やりは土が乾いてからたっぷり与えるようにする。

呂千絵
Crassula 'Morgan's Beauty'

- タイプ：冬型
- 越冬温度：3℃
- 日当たり：◎◎◎
- 育てやすさ：🌱🌱

神刀と都星の交配種。風通しと日当たりのよい場所で管理する。多湿が苦手で下葉が腐りやすいため、水やりは控えめにし、雨ざらしは避ける。

ロゲルシー
Crassula pubesceus

- タイプ：春秋型
- 越冬温度：5℃
- 日当たり：◎◎◎
- 育てやすさ：🌱🌱

日光を好むが、日焼けしやすく寒さに弱い。そのため真夏は遮光し、冬場は室内で管理する。水は控えめに。紅葉時は茎が真っ赤に染まる。

セダム

Sedum

乾燥、高低温、塩害、アルカリ性に強く、日本では石垣などの被覆に使われることもある多肉植物です。外国原産の小型種は高温多湿に注意しましょう。

▶ モシニアナム

小さな葉が密集してこんもりとしたシルエットを作るセダムは、「マンネングサ（万年草）」とも呼ばれます。栄養の少ない土壌でも育てることができ、日本でも野生のセダムを目にすることが少なくありません。

コロンとした肉厚の葉が連なるものは外国産が多く、メキシコを原産地とするものがよくあります。セダムは自生地が世界各地に及ぶため、育てやすさなども異なりますが、基本的には、夏は蒸れないように通風を確保し、冬は寒さを避け室内や温室で管理するとよいでしょう。

生育が早く、状態によっては年2回植え替えてもかまいません。繁殖もさし木、葉ざしで簡単にできます。植え替え、繁殖とも生育期の春か秋に行いましょう。

Basic Data

- **科名**　ベンケイソウ科
- **原産地**　世界各地
- **育てやすさ**　種類により異なる
- **日当たり**　種類により異なる
- **越冬温度**　種類により異なる

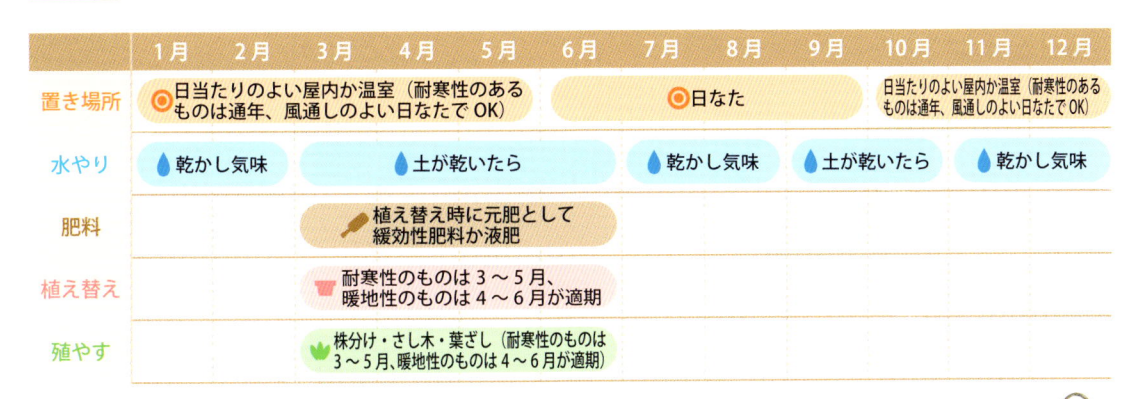

part 3 人気の多肉植物　失敗なしの育て方カタログ

葉が連なるこんもりタイプ ▼▼▼ セダム

	1月	2月	3月	4月	5月	6月	7月	8月	9月	10月	11月	12月
置き場所	日当たりのよい屋内か温室（耐寒性のあるものは通年、風通しのよい日なたでOK）						◎日なた			日当たりのよい屋内か温室（耐寒性のあるものは通年、風通しのよい日なたでOK）		
水やり	乾かし気味			土が乾いたら			乾かし気味		土が乾いたら		乾かし気味	
肥料				植え替え時に元肥として緩効性肥料か液肥								
植え替え			耐寒性のものは3〜5月、暖地性のものは4〜6月が適期									
殖やす			株分け・さし木・葉ざし（耐寒性のものは3〜5月、暖地性のものは4〜6月が適期）									

トライ！ 乱れてきたらさし木で仕立て直し！

❶ 不揃いに伸びてきたセダムは茎をカットしてさし木にしましょう。

❷ さし穂を切り取るときは消毒した清潔なハサミやナイフを使います（→ P28）。

❸ さし穂は切り口を乾かしてから土にさしますが、切り口に溶かしたロウをつけると、そのまますぐに土にさすことができます。

Q セダムの葉が傷んで枯れたようになってしまいました。どうしたらよいでしょうか？

A セダムは丈夫な植物ですが、梅雨時などの高温多湿の環境では葉が弱り溶けたようになってしまうことがあります。雨よけをし、水やりも控え風通しのよい場所に移動させましょう。冬に枯れたように見える場合は、それほど心配はいりません。セダムの多くは多年草ですが、種類によっては茎や冬芽だけで冬越しするものもあります。暖かくなると新芽が出てくるでしょう。

育て方

置き場所
日当たりのよい場所。洋種セダムの中には、高温多湿期に雨に当たると溶けてなくなってしまうものもあるため注意する。

水やり
乾燥に強いが生育期である春と秋には土の表面が乾いたらたっぷりと水をやる。小型洋種は夏と冬に休眠するため、真夏は水やりを控え、乾燥気味に管理する。休眠中でも、葉の表面に張りがなくなってしなびたような感じになれば夕方に水やりを行う。

肥料
肥料はほとんど必要ないが、植え替えや植えつけ時に粒状肥料を土に混ぜ込む。

病害虫
害虫は、ナメクジ、ヨトウムシによる食害。アブラムシは発生したら薬剤散布で駆除を。鉢内が蒸れないようにする。

冬越し
耐寒性は種によって異なるが、日当たりのよい室内が無難。

モシニアナム
Sedum mocinianum

タイプ	越冬温度
春秋型	3℃
日当たり	育てやすさ

日のよく当たる、風通しのよい場所で管理。冬は室内か温室へ。夏は直射日光を避けた半日陰に置くか、遮光を。水は土が乾いたらたっぷり。

黄麗（おうれい）
Sedum cv.

タイプ	越冬温度
春秋型	3℃
日当たり	育てやすさ

太陽の光によく当て、少し乾燥気味に育てると秋からの紅葉時にはきれいなオレンジ色になる。年中戸外管理でもOK。別名月の王子。

薄化粧（うすげしょう）
Sedum palmeri

タイプ	越冬温度
春秋型	0℃
日当たり	育てやすさ

暑さ、寒さには強く、日の当たる場所で管理するが、真夏と冬は水やりを控えめにする。木立性で葉をふちどるように紅葉する。

ダシフィルム
Sedum dasyphyllum

タイプ	越冬温度
春秋型	0℃
日当たり	育てやすさ

耐暑性、耐寒性があり、乾燥にも強いが、水はたっぷり与える。真夏の直射日光では葉色が悪くなることもあるので、半日陰がおすすめ。

タイトゴメ
Sedum oryzifolium

タイプ	越冬温度
春秋型	-5℃
日当たり	育てやすさ

水をやりすぎると葉が落ちやすくなるため、乾燥気味に管理するとよい。耐暑性、耐寒性があり丈夫。年間を通して戸外管理で問題ない。

'コーラルカーペット'
Sedum album 'Coral Carpet'

タイプ	越冬温度
春秋型	3℃
日当たり	育てやすさ

蒸れに弱いため、とくに夏場は風通しのよい場所で管理する。十分に太陽に当てると締まった株に育つ。株分け、さし木で殖やせる。

part 3 　人気の多肉植物　失敗なしの育て方カタログ

葉が連なるこんもりタイプ
▼▼▼ セダム

丸葉万年草
Sedum makinoi

タイプ	越冬温度
春秋型	3℃

日当たり	育てやすさ
◎◎◎	🌱🌱🌱

日本原産のセダムのため、日本の気候でも育てやすい。日の当たりにくい場所でも問題ない。鉢植えの場合は水のやりすぎに注意する。

'ドラゴンズ・ブラッド'
Sedum spurium 'Dragon's Blood'

タイプ	越冬温度
春秋型	3℃

日当たり	育てやすさ
◎◎◎	🌱🌱🌱

耐寒性があり丈夫。よく日に当てて管理する。水の与えすぎは、徒長、根ぐされの原因になる。緑色の葉が秋から冬の間は紅葉する。

玉葉
Sedum stahlii

タイプ	越冬温度
春秋型	3℃

日当たり	育てやすさ
◎◎◎	🌱🌱🌱

メキシコ原産。紅色をしているが、夏の時期にはやや緑色に変わる。夏は水をたっぷり与え、秋から乾燥気味にすると丈夫な株に育つ。

セダムの仲間

ミセバヤ
Hylotelephium sieboldii

タイプ	属
春秋型	ムラサキベンケイソウ

越冬温度	育てやすさ
3℃	🌱🌱🌱

日当たり
◎◎◎

日本原産。暑さ、寒さに強く、1年を通して戸外管理が可能。土の表面が乾いたらたっぷり水を与え、冬はやや乾燥気味にする。

セダムの仲間

グリーンペット
Villadia batesii

タイプ	属
春秋型	ビラディア

越冬温度	育てやすさ
3℃	🌱🌱🌱

日当たり
◎◎◎

暑さ、乾燥に強く、よく日に当てると夏頃に紅葉する。耐寒性もあり、関東以西では戸外で冬越しができる。水やりは土が乾いたらたっぷり。

ルテア
Sedum lutea

タイプ	越冬温度
春秋型	3℃

日当たり	育てやすさ
◎◎◎	🌱🌱🌱

風通しがよく、夏の直射日光を避けた涼しい場所で管理。乾燥には強く生育期でも1週間に1度程度の水やりで可。1年中戸外管理でもOK。

ダドレア

Dudleya

葉の表面に白い粉をかぶったダドレアは、美しく華麗に見えます。高温期の多湿に弱いので、夏は水やりを控え、風通しのよい場所で管理しましょう。

▶ ヌビゲナ

ダドレアの仲間は北アメリカの南西部に原産し、乾燥した岩場などに生えています。ロゼット状の葉は白い粉をおびていて、多肉植物のなかでもっとも白く美しい葉をもつと言われています。この粉は容易にはげてしまうため、手で触らないようにし、水やりも葉に水がかからないようにします。株が充実すると花茎をのばして、白や黄色の花を咲かせます。

おもに晩秋と春に生育し、夏は休眠します。生育期に十分に日射しを当てて育てると葉の白さが増してきます。繁殖はタネをとってまくか、株分け、あるいはさし木で行います。さし木や植え替えは秋が適しています。枯れた下葉を取りのぞく際に茎が傷つくとそこから腐ることがあるので注意しましょう。

Basic Data

- 科名：ベンケイソウ科
- 原産地：アメリカのカリフォルニア州、メキシコ
- 育てやすさ
- 日当たり
- 越冬温度：3℃

part 3　人気の多肉植物　失敗なしの育て方カタログ

葉が連なるこんもりタイプ
▼▼▼ダドレア

	1月	2月	3月	4月	5月	6月	7月	8月	9月	10月	11月	12月
置き場所	日当たりのよい屋内か温室			風通しのよい日なた			雨の当たらない日なた		風通しのよい日なた			日当たりのよい屋内か温室
水やり	控えめに			土が乾いたら			断水		土が乾いたら			徐々に増やす
肥料			緩効性肥料を少なめに						緩効性肥料を少なめに			
植え替え			植え替えの適期						植え替えの適期			
殖やす									株分け・さし木			

ヌビゲナ
Dudleya nubigena

タイプ：春秋型
越冬温度：0℃
日当たり：◎◎◎
育てやすさ：◎◎◎

日当たりのよい場所に置く。日当たりが十分ではないと、徒長の原因になる。多湿に弱い。表土が乾いたら水をたっぷりと与える。

仙女盃（せんにょはい）
Dudleya brittonii

タイプ：春秋型
越冬温度：0℃
日当たり：◎◎◎
育てやすさ：◎◎◎

高温には強いが、多湿は苦手なので夏場は注意が必要。夏は水やりの回数を減らし、風通しのよい場所で育てる。

パキフィツム
Dudleya pachyphytum

タイプ：春秋型
越冬温度：0℃
日当たり：◎◎◎
育てやすさ：◎◎

生育期の秋から春にかけては、水をたっぷり与え日も十分に当てる。夏は水やりを減らし、多湿にならないよう管理する。

育て方

置き場所
夏の休眠期には遮光ができて、風のよく通る場所に置き、秋と春の生育期には、十分に日光の当たる場所で管理する。光が当たらないと生長がにぶくなるので、ときどき鉢をまわしてまんべんなく日射しを当てる。

水やり
秋から春の生育期には土が乾くのを待って鉢底から水が流れるくらいたっぷりと与える。夏の高温期には水やりを控える。

肥料
あまり必要ない。秋から春の生育期に緩効性の肥料を少なめに与える。

病害虫
アカダニ、アブラムシ、コナカイガラムシなどに注意する。

冬越し
比較的耐寒性があるが、霜や雪には当てないように。室内に置く場合は、日当たりのよい場所を選び、株全体に光を当てるようにする。

パキフィツム
Pachyphytum

白いロウをかぶせたような肉厚の葉のパキフィツムは、かわいらしい姿から人気があります。茎が立ち上がって姿が乱れてきたら、茎を切りつめてコンパクトに育てましょう。

▶ オビフェルム

Basic Data
- 科名：ベンケイソウ科
- 原産地：メキシコ
- 育てやすさ：🌿🌿🌿
- 日当たり：◉◉◉
- 越冬温度：5℃

メキシコに原産するパキフィツムは、明治の末頃から日本でも栽培されていて、葉の色が赤紫色や淡いピンク、紫青色に色づくものなどさまざまなものが出回っています。丸くふくらんだ葉が好まれるので、白粉をおびた美しい姿が好まれるので、白粉が落ちたり葉が汚れたりしないように注意しましょう。日照不足だと葉の色が悪くなり、徒長しやすくなります。水に濡れると葉にほこりがつくので、雨に当てないようにします。

葉は触れるともげやすいのですが、取れた葉を土に置いておくと発根します。茎を切り戻すと、茎の根元に子株ができやすくなり、切り口のわきから新しい芽がでてきます。子株が殖えたら、春にかき取ってさし芽で殖やしましょう。

part 3 人気の多肉植物　失敗なしの育て方カタログ

葉が連なるこんもりタイプ　▼▼▼ パキフィツム

	1月	2月	3月	4月	5月	6月	7月	8月	9月	10月	11月	12月
置き場所	日当たりのよい屋内か温室			風通しのよい日なた			雨の当たらない日なた		風通しのよい日なた			日当たりのよい屋内か温室
水やり	乾かし気味			土が乾いたら							乾かし気味	
肥料			緩効性肥料か液肥						緩効性肥料か液肥			
植え替え				植え替えの適期					植え替えの適期			
殖やす				株分け・さし木・葉ざし					株分け・さし木・葉ざし			

コエルレウム
Pachyphytum coeruleum

- タイプ：春秋型
- 越冬温度：5℃
- 日当たり：◎◎◎
- 育てやすさ：🌱🌱🌱

冬は日当たりのよい場所で管理し、防寒する。白粉は水を直接かけたり、手で触れると落ちるため、注意が必要。

ビリデ
Pachyphytum viride

- タイプ：春秋型
- 越冬温度：5℃
- 日当たり：◎◎◎
- 育てやすさ：🌱🌱🌱

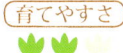

葉にかなりの厚みがあり、水分を蓄えているので、水やりは控えめにする。太陽にはしっかり当てて、乾燥気味に管理する。

青星美人（あおほしびじん）
Pachyphytum oviferum cv.

- タイプ：春秋型
- 越冬温度：5℃
- 日当たり：◎◎◎
- 育てやすさ：🌱🌱🌱

夏場の直射日光は避けるが、基本は日当たりのよい場所で管理する。水やりは土が完全に乾いてから行う。オビフェルムの園芸品種。

育て方

置き場所
夏は風通しと日当たりのよい場所に置き、過湿にならないように注意する。冬は寒気を避けて、霜が降りる頃には室内に取り込み、日当たりのよい窓辺などに置く。

水やり
生育期となる夏をはさんで、春から秋までは鉢土が半分くらい乾いたらたっぷりと水を与える。真夏は、夕方から夜、涼しくなってから。冬は生育を止めている時期なので、水やりは控える。

肥料
夏の生育期には、薄い液肥を月1回程度施す。

病害虫
カイガラムシ、ネジラミ、ナメクジに注意する。

冬越し
寒さに弱いので、霜が降り始める前に室内に入れ、窓辺などの日当たりのよい場所に置く。夜間、気温が下がるときには、覆いをして寒気を防ぐのもよい。

アエオニウム

Aeonium

乾燥に強く、茎の先端の葉が放射状につくのが特徴的です。高温多湿の時期は株が腐りやすいため梅雨時の管理に注意が必要です。

▶ ドドランタリス

アエオニウムの多くは茎立ちして上へ上へと生長します。茎の先端に放射状に葉を広げ、明るい緑、白、黄、紅色などさまざまな色で楽しませてくれます。とくに黒紫色に染まる黒法師は多肉植物の中でも特異な存在として人気の高い種類です。温暖でおだやかな気候の地域に自生しているものが多く、極端な暑さと寒さ、多湿は苦手です。真夏、真冬、梅雨時の管理に注意すれば、比較的育てやすい種類といえるでしょう。

花が咲いた株は枯れてしまうことがありますが、花茎を早めに切ると子株ができてきて繁殖させることができます。また、群生している株は植え替え時に株分けをするとよいでしょう。さし木は可能ですが、葉ざしはできません。

Basic Data

科名
ベンケイソウ科

原産地
カナリア諸島、マデイラ諸島など、東アフリカやアラビア半島の一部

育てやすさ
🌱🌱🌱

日当たり
◉◉◉

越冬温度
5℃

part 3　人気の多肉植物　失敗なしの育て方カタログ

上に伸びる木立性タイプ　▼▼▼　アエオニウム

	1月	2月	3月	4月	5月	6月	7月	8月	9月	10月	11月	12月
置き場所	日当たりのよい屋内か温室			風通しのよい日なた			雨の当たらない半日陰		風通しのよい日なた		日当たりのよい屋内か温室	
水やり				土が乾いたら			乾かし気味		土が乾いたら			
肥料				緩効性肥料か液肥					緩効性肥料か液肥			
植え替え			植え替えの適期						植え替えの適期			
殖やす			株分け・さし木						株分け・さし木			

トライ！　切り戻しをしてみよう！

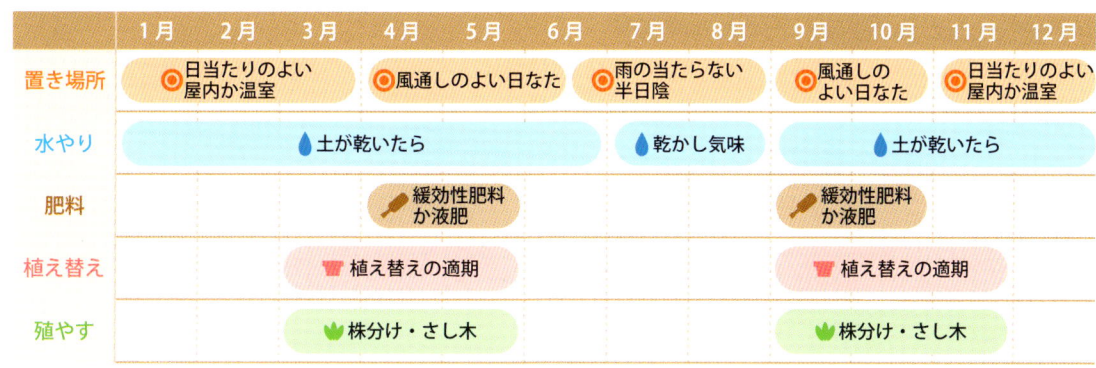

❷ 切り取った部分は、切り口をよく乾かしてからさし木します。切り戻しは、春か秋の生育期に行うとよいでしょう。

❶ 茎が伸びすぎてバランスが悪くなったものは、思い切って切り戻しをしてみましょう。切り口の下から新しい芽が出てきます。

Q 冬の間室内に置いておいたらひょろひょろになり、形が乱れてしまいました。どうしたらいいでしょうか？

A ひょろひょろになったのは、冬場に十分に光を当てていなかったので徒長したものだと思われます。徒長は元に戻すことができないので、生育期に先端を5㎝程度切り、さし木をすることをおすすめします。元の株も再生しますので、新しい葉がでるのを待つとよいでしょう。

育て方

置き場所
日当たりのよい場所を好む。高温多湿に弱いため、梅雨時は雨の当たらない場所、真夏は風通しのよい半日陰に置く。

水やり
乾燥に強い反面、過湿により根ぐされしやすいので、土の表面が完全に乾いてから水を与える。冬と真夏は休眠に入るため、1か月に1回程度に。

肥料
生育期の春と秋に1回程度、少量の緩効性肥料か、液体肥料を施す。土内に窒素分が多くならないよう、リン酸とカリを含んだものを施すとよい。

病害虫
空気が乾燥していると害虫が発生しやすくなるので注意。カイガラムシがついた場合、ブラシなどで落してから薬剤を散布。

冬越し
極端な寒さを嫌うため、冬場には日当たりのよい室内に取り込むか、温室などを用意する。

タイプ	越冬温度		**黒法師**
冬型	5℃		Aeonium arboreum 'Zwartkop'
育てやすさ	日当たり		

アエオニウムの代表格。春と秋は日当たりのよい場所で管理し、夏は風通しのよい半日陰に移す。冬は寒さに当たると枯れるため室内に取り込む方がよい。土が完全に乾いたらたっぷり水を与える。

タイプ	越冬温度		**愛染錦**
冬型	3℃		Aeonium domesticum f. variegata
育てやすさ	日当たり		

薄い黄緑色の斑が入った美しい葉が魅力。耐暑性、耐寒性が低いため、夏は直射日光を避け半日陰に置き、冬は室内の日当たりのよい場所に移動させる。冬でも土が乾いたら水を与える。

タイプ	越冬温度		**小人の祭り**
冬型	3℃		Aeonium sedifolium
育てやすさ	日当たり		

小さくてふっくらと丸い形の葉が群生する種類。休眠期でも断水せずに、土が完全に乾いたらたっぷり水を与える。夏場は半日陰に置き、冬は室内に移動させるほうがよい。

タイプ	越冬温度		**五月雨傘**
冬型	3℃		Aeonium sp.
育てやすさ	日当たり		

冬は日当たりのよい場所で管理し、土が乾いたら水をたっぷり与える。休眠期は半日陰に置き、乾かし気味にするが断水はせずに控えめに水やりを行う。さし木で繁殖できる。

part 3 人気の多肉植物 失敗なしの育て方カタログ

上に伸びる木立性タイプ

アエオニウム

ドドランタリス
Aeonium dodrantale

- タイプ：春秋型
- 越冬温度：5℃
- 育てやすさ
- 日当たり

秋から春にかけて生育が盛んになるタイプ。生育期はたっぷりと日に当てて育てる。暑さに弱いので、葉が閉じてしまう夏場は完全に断水し、風通しのよい涼しい場所に置いて管理する。

サンバースト
Aeonium urbicum 'Variegatum'

- タイプ：冬型
- 越冬温度：3℃
- 育てやすさ
- 日当たり

緑に黄色の班が入った葉が重なる。下の葉は生長と共に自然と枯れていくため、上部で葉を広げる。光を好むのでよく日に当てて育てる。真夏や寒い時期の水やりは控えめにして管理する。

夕映え
Aeonium decorum 'Variegatum'

- タイプ：冬型
- 越冬温度：5℃
- 日当たり
- 育てやすさ

子株が殖えやすく育てやすい。夏は半日陰で、冬は室内の日の当たる場所に。通年、土が乾いたらたっぷり水をやる。

オーレア
Aeonium aurea

- タイプ：春秋型
- 越冬温度：0℃
- 日当たり
- 育てやすさ

寒さに強い強健種だが、夏の暑さにはかなり弱い。夏場は完全に断水させ、風通しのよい涼しい場所に置くとよい。

真黒法師
Aeonium arboreum 'Atropurpureum'

- タイプ：冬型
- 越冬温度：3℃
- 日当たり
- 育てやすさ

黒法師よりも色が濃い。黒い葉は日が弱いと緑色に変わってしまうため、十分に日を当てる。水は土が乾いたらたっぷり与える。

アロエ

Aloe

アフリカが原産地のアロエは、暑さと乾燥に強い植物です。日本では種類によっては屋外で冬越しさせることも可能です。薬用として栽培されるものもあります。

▶ 千代田錦

アロエは昔から「医者いらず」と呼ばれていて、たくさんの薬効成分が含まれる薬用植物としても親しまれています。500種以上の種類があり、茎がなく葉がロゼット状に広がるもの、上に伸びる柱状のもの、地面を這うほふく性のものなど、見た目もさまざまです。葉や花の色も多彩で、冬に開花させる種類が多いのもアロエの特徴です。

比較的丈夫な植物のため、冬越しは凍らせない環境で管理できれば屋外でも問題ありません。ただし、高温多湿に弱いものも多いので、夏は水やりに注意が必要です。通風をよくするため、夏場は扇風機で風を送るのもおすすめです。植え替え時の株分け、さし木で殖やすことができます。

Basic Data

- **科名**: アロエ科
- **原産地**: アフリカ大陸、アラビア半島
- **育てやすさ**: 🌱🌱
- **日当たり**: ◉◉◉
- **越冬温度**: 0℃～3℃、できれば5℃以上

part 3　人気の多肉植物　失敗なしの育て方カタログ

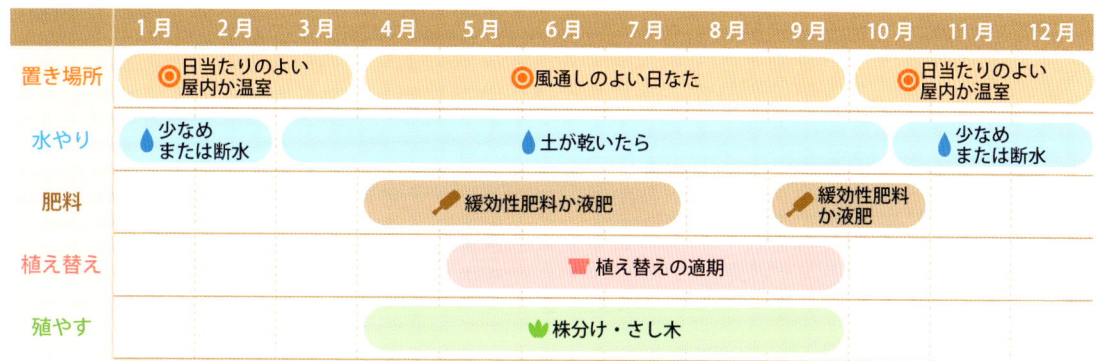

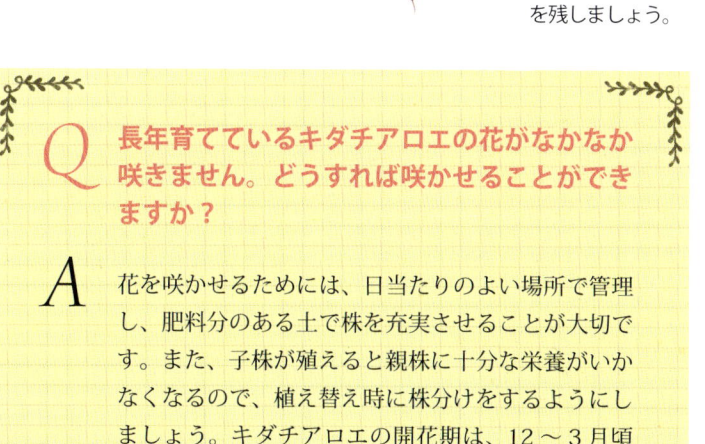

上に伸びる木立性タイプ　アロエ

	1月	2月	3月	4月	5月	6月	7月	8月	9月	10月	11月	12月
置き場所	日当たりのよい屋内か温室				風通しのよい日なた					日当たりのよい屋内か温室		
水やり	少なめまたは断水				土が乾いたら						少なめまたは断水	
肥料				緩効性肥料か液肥				緩効性肥料か液肥				
植え替え				植え替えの適期								
殖やす				株分け・さし木								

トライ！ 植え替えでリフレッシュしよう！

❶ 鉢が小さくなった株は植え替え、株分けでリフレッシュさせましょう。

❷ 鉢から出して株を分け、それぞれ古い土と根を取り除きます。太くて白い健康な根だけを残しましょう。

❸ それぞれの株を新しい土に植えつけます。写真は'ブラックゼム'。

育て方

置き場所
一年を通して日当たりのよい場所に置く。耐寒性はあるが、葉のふちが茶褐色に傷む場合は室内に取り込んだほうがよい。

水やり
乾燥に強く、水が多少不足しても枯れることはない。冬は多少乾かし気味に管理。戸外で育てる場合は断水し、半休眠状態に。

肥料
真夏を避けた4～10月の生育期に、10日に1回程度液体肥料を与える。または、置き肥を数カ月に1回株元に与える。

病害虫
病気の心配はとくにない。害虫はカイガラムシとアブラムシに注意。とくにカイガラムシは吸汁で植物の生育を妨げるので、すぐに駆除する。

冬越し
越冬温度は5℃前後、断水すれば0℃～3℃程度まで耐える。暖かい地方なら冬でも戸外で育てることができる。

Q 長年育てているキダチアロエの花がなかなか咲きません。どうすれば咲かせることができますか？

A 花を咲かせるためには、日当たりのよい場所で管理し、肥料分のある土で株を充実させることが大切です。また、子株が殖えると親株に十分な栄養がいかなくなるので、植え替え時に株分けをするようにしましょう。キダチアロエの開花期は、12～3月頃です。

タイプ	越冬温度	'ネリー'
春秋型	0℃	*Aloe longistyla* 'Nelii'
育てやすさ	日当たり	

春から秋の生育期には日当たりのよい戸外で管理することで丈夫な株に育つ。気温が下がり始めたら室内に移し、水やりも控えめにする。真冬は断水して根を休ませるとよい。

タイプ	越冬温度	キダチアロエ
春秋型	0℃	*Aloe arborescens*
育てやすさ	日当たり	

丈夫で生育も旺盛。一年を通して日当たり、風通しのよい場所に置く。水は乾かし気味にし、長雨や梅雨時期は雨に当たらない場所に移すほうがよい。関東以西であれば戸外での越冬も可能。

タイプ	越冬温度	千代田錦
春秋型	5℃	*Aloe variegata*
育てやすさ	日当たり	

茎は伸びずに模様入りの葉が美しい種類。春と秋の生育期は土が乾いたらたっぷりと水やりをする。日当たりを好むが夏の強光は避ける。寒さ、乾燥には強く、冬でも戸外管理が可能。冬の水やりは控える。

タイプ	越冬温度	プリカチリス
春秋型	5℃	*Aloe plicatilis*
育てやすさ	日当たり	

扇状に広がる多肉質の葉が特徴的。日当たりのよい場所に置き、水やりは控えめにするとよい。冬期は断水気味に管理し、凍結に注意する。大型に育つタイプで、乙女の舞扇という名でも流通している。

part 3　人気の多肉植物　失敗なしの育て方カタログ

上に伸びる木立性タイプ　▼▼▼　アロエ

帝王錦
Aloe humilis

タイプ	越冬温度
春秋型	5℃

日当たり　育てやすさ

冬は日射しの入る窓辺など暖かい場所で管理し、真夏は遮光して半日陰へ。土が乾ききらないうちに水をやり、風通しはよくする。

怒帝王錦
Aloe humilis

タイプ	越冬温度
夏型	5℃

日当たり　育てやすさ

一年を通して日当たりのよい場所で管理する。高温多湿は苦手だが乾燥に強く、水やりは土が乾いてから。アブラムシやすす病に注意が必要。

スノーフレーク
Aloe rauhii 'Snow Flake'

タイプ	越冬温度
春秋型	5℃

日当たり　育てやすさ

凹凸のある白い斑が葉全体に出るのが特徴。一年を通して十分に日に当てるが、夏の直射日光は避ける。土が乾いたら水を与える。

リネアータ
Aloe lineata

タイプ	越冬温度
春秋型	5℃

日当たり　育てやすさ

日当たりがよく、風通しのよい場所で管理する。夏場はやや遮光が必要。水やりは土が乾いてから。繁殖は株分けで可能。

ホタルの光
Aloe nobilis var.

タイプ	越冬温度
春秋型	5℃

日当たり　育てやすさ

日当たりがよく、風通しのよい場所で管理する。斑入りのため夏場はやや遮光が必要。水やりは土が乾いてから。繁殖は株分けで可能。

ブラックゼム
Aloe 'Black Gem'

タイプ	越冬温度
春秋型	5℃

日当たり　育てやすさ

乾燥に強く、水やりは控えめでよい。とくに冬の休眠期は断水気味にする。日陰でも育つが、強光を避けた日の当たる場所が最適。

カランコエ

Kalanchoe

日光不足は葉の色を悪くさせるため、日当たりのよい明るい場所で育てましょう。花の美しい種類は鉢花としても人気です。開花を楽しむなら冬でも10℃以上の温度を保ちます。

▶ シンセパラ

葉の形や色が多彩なカランコエは、鉢花としても人気があります。開花期間は秋から春ですが、つぼみができたあとに気温が10℃以下になってしまうと、花が咲かないこともあります。秋頃から花を楽しみたい場合は、夏の間に遮光して日照を制限し、1日の暗期を長くする短日処理を行うとよいでしょう。

カランコエの根は細くやわらかいため、鉢の中が根でいっぱいになると水はけが悪くなり、根ぐされしやすくなります。花が咲き終わったら株全体の枝を半分程度に切り戻し（→P39）、ひとまわり大きな鉢に植え替えるとよいでしょう（→P29）。植え替え直後はたっぷり水をやり、1～2週間ほど半日陰で管理します。普段は乾かし気味に管理します。

Basic Data

科名
ベンケイソウ科

原産地
主にマダガスカル

育てやすさ
🌱🌱🌱

日当たり
☀☀☀

越冬温度
5℃

part 3　人気の多肉植物　失敗なしの育て方カタログ

上に伸びる木立性タイプ　カランコエ

	1月	2月	3月	4月	5月	6月	7月	8月	9月	10月	11月	12月
置き場所	日当たりのよい屋内か温室			風通しのよい日なた						日当たりのよい屋内か温室		
水やり	乾かし気味			土が乾いたら		乾かし気味			土が乾いたら			乾かし気味
肥料				薄い液肥					薄い液肥			
植え替え			植え替えの適期（開花時は控える）						植え替えの適期			
殖やす				株分け・さし木					株分け・さし木			

トライ！　花を楽しむために短日処理をしてみよう！

❶ カランコエは、夏から秋にかけて日が短くなる時期に花芽をつける短日植物です。秋に入ってすぐの時期から花を楽しみたいなら、日照時間の調整を行いましょう。

❷ 7〜8月の時期、夕方の5時頃から翌朝の7時頃まで鉢にダンボールなどをかぶせます。つぼみを確認できるまで30〜40日間ほど毎日繰り返し行います。

Q 寒冷地ではないので外に出していたら、カランコエの茎が黒くなり元気がなくなりました。なぜでしょうか？

A カランコエは寒さに弱い多肉植物です。0℃以下の環境では生育が止まり、枯れてしまうこともあります。そのため、肌寒さを感じたら、戸外管理から室内管理に切り替えましょう。ただし、夜間も長い間照明に当てていると花芽がつきにくくなることもあるので、室内の置き場所にも注意しましょう。

育て方

置き場所
春から秋は雨が当たらず日当たりのよい戸外に。葉焼けの原因になるため直射日光は避ける。高温多湿期は風通しをよくする。冬は室内に移動させる。

水やり
乾かし気味に管理する。5〜9月の生育期は鉢土の表面が乾いてからたっぷりと水を与え、冬場は鉢土の表面が乾いてから数日後に水やりを行う。

肥料
真夏をのぞく4月から秋に、液体肥料なら10日に1回。開花中は肥料を与えなくてもよいが、リン酸分の多い肥料を与えると花期を長くすることができる。

病害虫
枯れた葉や花から灰色カビ病を発生することがある。枯れ葉や咲き終わった花はこまめに摘み取る。害虫はアブラムシに注意。

冬越し
最低でも5℃を保つ。10℃以下だと花つきが悪くなる。

121

タイプ	越冬温度	シンセパラ
春秋型	5℃	*Kalanchoe synsepala*

育てやすさ　日当たり

マダガスカル中部原産。日当たりのよい場所に置き、冬は室内に移動させる。冬の水やりは控えめにする。葉に亀裂が入り鹿の角のように見える変種ディセクタも人気がある。

タイプ	越冬温度	江戸紫
夏型	5℃	*Kalanchoe marmorata*

育てやすさ　日当たり

東アフリカ原産。斑紋の入った葉の先端は丸みを帯びた鋸歯となる。日当たりを好むが強光は葉焼けの原因となるため避ける。冬は日射しの入る室内に移し、乾燥気味に管理する。

タイプ	越冬温度	月兎耳
夏型	5℃	*Kalanchoe tomentosa*

育てやすさ　日当たり

年間を通してよく日に当てるほうがよいが、真夏の強い日射しや高温多湿状態は避ける。土が乾いてから水を与え、冬は断水して休眠させる。

タイプ	越冬温度	扇雀
春秋型	5℃	*Kalanchoe rhombopilosa*

育てやすさ　日当たり

日当たり・風通しのよい場所で栽培する。真夏や真冬は屋内へ。水は週に1回程やり、休眠期は回数を半分以下にする。

part 3　人気の多肉植物　失敗なしの育て方カタログ

上に伸びる木立性タイプ ▼▼▼ カランコエ

マルニエリアナ
Kalanchoe marnieriana

タイプ	越冬温度
夏型	5℃

日当たり　育てやすさ

粉を吹いたような銀葉と、冬に咲く濃いピンクの花とのコントラストが美しい。よく日に当て、土が乾いたら水を与える。冬の間も断水しない。

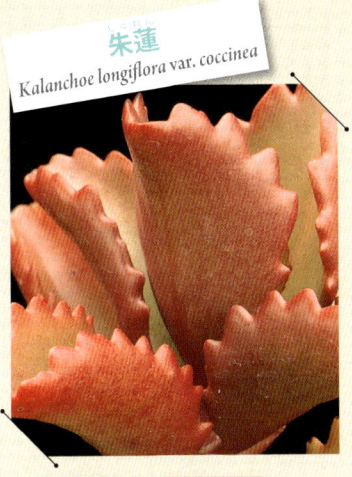

朱蓮
Kalanchoe longiflora var. coccinea

タイプ	越冬温度
夏型	5℃

日当たり　育てやすさ

南アフリカのナタール地方原産。日当たり、風通しのよい場所で育てる。寒さに弱いため、冬は室内の日当たりのよい場所に移動させる。

胡蝶の舞
Kalanchoe fedtschenkoi

タイプ	越冬温度
夏型	5℃

日当たり　育てやすさ

灰緑色で鋸状の葉が対生し、赤から黄の筒状の花が下垂して咲く。太陽によく当て、水は土が乾いてから。真冬以外は戸外での栽培が可能。

フミリス
Kalanchoe humilis

タイプ	越冬温度
夏型	5℃

日当たり　育てやすさ

薄い黄緑色の葉の全面に、赤色の縞模様がある。よく日に当て、水は控えめに。耐寒性はないので冬は室内で保温するとよい。

点兎耳
Kalanchoe tomentosa

タイプ	越冬温度
夏型	5℃

日当たり　育てやすさ

葉は楕円形で厚みがあり、先端のギザギザとした部分に茶褐色の斑点がつく。真冬以外は戸外栽培が可能。太陽に十分当てて管理する。

チョコレートソルジャー
Kalanchoe tomentosa 'Chocolate Soldier'

タイプ	越冬温度
夏型	5℃

日当たり　育てやすさ

月兎耳の仲間。日に当てることで葉全体が茶色になるが、強い光は避ける。冬は明るい室内で管理する。土が乾いたら水を与える。

コチレドン
Cotyledon

冬は寒さ、夏は暑さが原因で休眠状態になり、気候のよい春と秋が生育期。休眠期と生育期を把握し、時期に応じて水やりや置き場所を考えることが大切です。

▶ 銀波錦モンストローサ

南アフリカからアラビア半島南部を原生地とするコチレドンは、生長すると緑色の茎が茶色に木質化してきます。春と秋が生育期で、この時期にはたっぷり水を与え、冬の休眠期には断水するかなり少なめに水を与えるようにしましょう。

斑入りの品種は、普通種に比べると性質が弱い傾向にあるため、管理には注意が必要です。購入は、できれば生育期に行い、水やりのタイミングをつかむことで上手に育てることができます。

さし木で殖やすことができます。さし穂は、葉を数枚つけた状態で茎を切り取り、切り口を乾かしてから土にさしておくとやがて発根します。直射日光を避けた明るい日陰で管理し、発根を待ってから水を与えましょう。

Basic Data

- **科名**: ベンケイソウ科
- **原産地**: 南アフリカからアラビア半島南部
- **育てやすさ**: ●●○
- **日当たり**: ●●●
- **越冬温度**: 0℃以上できれば5℃

part 3　人気の多肉植物　失敗なしの育て方カタログ

上に伸びる木立性タイプ　▼▼▼　コチレドン

	1月	2月	3月	4月	5月	6月	7月	8月	9月	10月	11月	12月
置き場所	日当たりのよい屋内か温室				風通しのよい日なた						日当たりのよい屋内か温室	
水やり	乾かし気味				土が乾いたら						乾かし気味	
肥料					薄い液肥							
植え替え				植え替えの適期					植え替えの適期			
殖やす				株分け・さし木					株分け・さし木			

さし木で殖やそう！

トライ！

❶ コチレドンは葉ざしで殖やすのは難しいため、繁殖はさし木で行いましょう。写真は'子猫の爪'。

❷ さし穂は葉を数枚つけた状態で茎を切ります。葉がたくさんついている場合は、下葉を取っておきます。

❸ 土にさしたあとは明るい日陰で管理し、新芽が動き出したら水を与えます。

Q 夏になってからコチレドンの葉がポロポロと落ちてきました。なぜでしょうか？

A 病気ではなく暑さによる生理現象だと思われます。コチレドンは夏場が休眠期になるため、この時期は水やりを控えめにして涼しくなるまで見守ってください。夏の間に水を与えすぎると根を腐らせてしまうこともあります。ただし、乾燥しすぎる状態も葉が落ちる原因になることもあるようです。エアコンの風が直接当たらないように、置き場所にも配慮しましょう。

育て方

置き場所
生育期は日当たりのよい場所。夏場は、暑さと蒸れを避けるため、風通しのよい明るい日陰に。

水やり
控えめに管理する。生育期は土が乾いたら水を与える。休眠期は水やりの回数を少なくして、乾かし気味に管理する。

肥料
控えめでよい。多いと葉色が悪くなり、茎も伸びすぎて倒れやすくなるので注意。生育期に薄めの液体肥料を月に1回程度。

病害虫
サビ病に注意。害虫は、ワタアブラムシの被害に気をつける。

冬越し
冬は0℃以上、できれば5℃程度を保てる場所に移動させる。ベランダや室内の日の当たる場所がベスト。寒風や霜に注意。凍結は避けるが、万が一、凍結しても、とくに根がダメージを受けていなければ、春中旬より新芽がでてくる場合もある。

タイプ	越冬温度
春秋型	3℃

育てやすさ	日当たり

オルビキュラータ
Cotyledon orbiculata

生育が早く、育てやすい。数年育てると立派な大株になる。風通し、日当たりのよい場所で管理する。水は土が乾いてからたっぷり与える。

タイプ	越冬温度
春秋型	3℃

育てやすさ	日当たり

モンキーネイル
Cotyledon 'Monkey Nail'

先端がとがった細長くふくらんだ葉は、弾力があり、触るとややベタベタすることもある。1本の花芽から複数の赤い花をつける。強い光を避けて管理する。

銀波錦モンストローサ
Cotyledon undulata cv.

タイプ	越冬温度
春秋型	3℃

日当たり	育てやすさ

銀波錦の変異種。管理は銀波錦と同様で、光を好むため日によく当たる場所を選ぶ。真冬以外は戸外でも可。水やりは土が乾いたら与える。

銀波錦
Cotyledon undulata

タイプ	越冬温度
春秋型	3℃

日当たり	育てやすさ

日当たりを好むが夏の強光下では遮光する。多湿が苦手なため、長雨の時期は水やりを控え、乾かし気味に管理する。

旭波の光
Cotyledon undulata f. variegata

タイプ	越冬温度
春秋型	5℃

日当たり	育てやすさ

銀波錦の斑入り種。紅葉期には斑の部分が赤く染まる。日当たりを好むが、夏は遮光する。水やりは土が乾いてからたっぷり与える。

part 3　人気の多肉植物　失敗なしの育て方カタログ

上に伸びる木立性タイプ　▼▼▼　コチレドン

'子猫の爪'
Cotyledon ladismithensis 'Konekonotsume'

- タイプ：春秋型
- 越冬温度：3℃
- 日当たり
- 育てやすさ

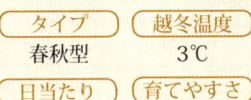

熊童子の変異種で葉先のギザギザが少ない。日当たりを好むが、夏場は風通しのよい半日陰へ。水、肥料ともに控えめに管理する。

熊童子錦　白斑
Cotyledon ladismithensis

- タイプ：春秋型
- 越冬温度：5℃
- 日当たり
- 育てやすさ

熊童子の斑入り種。熊童子よりも寒さ、暑さに弱い。水のやりすぎで葉の形が崩れることがある。とくに休眠期は乾いていても少量にする。

熊童子
Cotyledon ladismithensis

- タイプ：春秋型
- 越冬温度：5℃
- 日当たり
- 育てやすさ

先端がギザギザで産毛の生えたぷっくりとした葉が特徴。夏は明るい半日陰、冬は日射しのある室内で管理。暑さで葉が落ちることもある。

'ペンデンス'
Cotyledon 'Pendens'

- タイプ：春秋型
- 越冬温度：3℃
- 日当たり
- 育てやすさ

鉢から垂下させるのに向く小型種。日当たり、風通しのよい場所に置き、強い光や長雨に当てないよう管理する。水は土が乾いてから与える。

福娘
Cotyledon orbiculata var. oophylla

- タイプ：春秋型
- 越冬温度：3℃
- 日当たり
- 育てやすさ

白粉肌の葉をもつ。日光を好むが、強い日射しは避けて遮光気味に管理する。雨に当てると、葉の白粉が落ち、黒い斑点がつくこともある。

エリサエ
Cotyledon elisae

- タイプ：春秋型
- 越冬温度：3℃
- 日当たり
- 育てやすさ

小さめの緑の葉に、赤いふち取りがある。強い日射しは避けて明るい半日陰で管理する。水は土が乾いてから与える。

Caudex

コーデックス

奇妙な形にふくらんだ茎や幹を持つ多肉植物で、花が咲くもの、みずみずしい茎や葉をつけるものなどさまざま。夏型と冬型があり、ここでは夏型のコーデックスについて示しています。

▶ グラキリウス

コーデックスとは、植物の茎やシダ植物の軸（枝）のことですが、多肉植物では茎や枝、ときには根が大きく肥大する植物をコーデックスと呼んでいて、鋭いトゲを持つものなど、種類や形もさまざま。花や葉をつける枝と比べるとアンバランスなほど太くなった茎の形がおもしろく、多肉植物愛好家の間では「芋（いも）」や「ほね」と通称されます。

太くなった幹や茎の部分に水を貯えるようになっていて、原産地では砂漠や乾燥した岩場に生えています。多くはゆっくりと生長するので、盆栽のように年月をかけて育てるのが一般的です。株分けやさし木で殖やすこともできますが、タネをまいて育てたほうが、姿形のよい株になります。

Basic Data

科名
多くの科にまたがる

原産地
広範囲なアフリカ、マダガスカル、熱帯〜亜熱帯アメリカ

育てやすさ
種類により異なる

日当たり
種類により異なる

越冬温度
5〜15℃

part 3　人気の多肉植物　失敗なしの育て方カタログ

上に伸びる木立性タイプ　▼▼▼　コーデックス

	1月	2月	3月	4月	5月	6月	7月	8月	9月	10月	11月	12月
置き場所	日当たりのよい屋内か温室					風通しのよい日なた					日当たりのよい屋内か温室	
水やり	断水			乾かし気味		土が乾いたら				乾かし気味		断水
肥料					緩効性肥料か液肥を少量							
植え替え					植え替えの適期						
殖やす				さし木・タネまき							

トライ！ 砂漠のバラのタネまきをしてみよう！

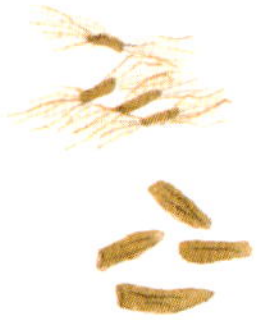

❶ アデニウムのタネには毛がついていて、普通は風で散布されます。タネをまくときは、毛を取り去っておきます。

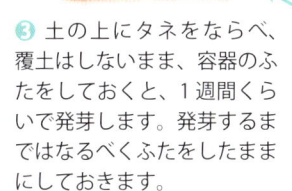

❷ タネまき用の鉢は、保温のためのふたがある容器を準備し、タネまき用の赤玉土の小粒を広げます。消毒が必要な場合は、90℃くらいの熱湯を土にかけます。

❸ 土の上にタネをならべ、覆土はしないまま、容器のふたをしておくと、1週間くらいで発芽します。発芽するまではなるべくふたをしたままにしておきます。

育て方

置き場所

夏は風通しがよく日当たりのよい場所に置き、雨に濡らさないようにする。冬は、保温のできる室内に移し、凍らせないように管理する。

水やり

種類ごとの生育にあわせて、生育期はたっぷりとやり、休眠期は水やりを控える。生育期でも、鉢土が乾いてから1日待って水を与えるようにすると、水のやりすぎを防げる。

肥料

植え替えのときに鉢の底に有機質肥料を少量入れておくだけで十分。

病害虫

カイガラムシ、アブラムシ、ハダニ。アブラムシは新芽につきやすく、ハダニは葉の裏側につきやすい。

冬越し

比較的寒さに弱いので、冬はフレームか温室内に置くとよい。室内に置くときには、昼間は窓辺で日光に当てる。保温設備がない寒冷地では、掘り上げて新聞紙につつんで保管する。

Q アデニウムの砂漠のバラを育てています。葉がしぼんできたので水をやったのですが、しぼんだ葉がもとに戻りません。どうしてでしょうか？

A 根ぐされを起こしている可能性があります。多肉植物は肉厚になった部分に水を貯えているので、葉がしぼんだように見えても、根が元気ならば、水やり後に葉がもとに戻るので心配ありません。葉がしぼんだままになっているならば、鉢から抜いて、根の状態を確認しましょう。くさったり枯れてしまった根をきれいに取り去り、よく乾かしてから新しい土に植え替えるか、完全に腐っている場合は、地上部をさし木して株を更新します。

フォエチダ
Dorstenia foetida

タイプ	越冬温度
夏型	3℃

日当たり ◉◉◯ ／ 育てやすさ 🌱🌱🌱

ドルステニア属。日当たりのよい場所を好む。冬は休眠するが断水はせずに控えめに水やりをする。寒さには弱く、冬は日の当たる室内に置く。

スピノーサ
Adenia spinosa

タイプ	越冬温度
夏型	5℃

日当たり ◉◉◉ ／ 育てやすさ 🌱🌱🌱

アデニア属。水を好み、よく生長する。寒くなってきたら徐々に水やりの回数や量を減らし、冬は断水する。通年、日によく当て育てる。

グラウカ
Adenia glauca

タイプ	越冬温度
夏型	3℃

日当たり ◉◉◯ ／ 育てやすさ 🌱🌱🌱

アデニア属。水を好むが日当たり不十分だと多湿により基部が腐る。寒さには弱いので冬期は水を控えて根を休ませ、落葉したら枝を剪定する。

グラキリウス
Pachypodium rosulatum var. gracilius

タイプ	越冬温度
夏型	5℃

日当たり ◉◉◉ ／ 育てやすさ 🌱🌱🌱

パキポディウム属。日当たり、風通しのよい場所を好む。冬期は室内へ移すとよい。水は土が乾いてからたっぷり与える。落葉後は断水する。

エブレネウム
Pachypodium rosulatum var. eburneum

タイプ	越冬温度
夏型	5℃

日当たり ◉◉◯ ／ 育てやすさ 🌱🌱🌱

パキポディウム属。日に十分に当て、水やりも表土が乾いたらたっぷりと与える。多湿にすると、根ぐされをおこす原因になるので注意。

恵比須笑い
Pachypodium brevicaule

タイプ	越冬温度
夏型	5℃

日当たり ◉◉◉ ／ 育てやすさ 🌱🌱🌱

パキポディウム属。日光不足は徒長の原因となる。生育期には土が完全に乾いてから水を与え、真夏と真冬は断水気味に育てる。

part 3　人気の多肉植物　失敗なしの育て方カタログ

上に伸びる木立性タイプ　▼▼▼　コーデックス

ディスティチャ
Boophane disticha

タイプ	越冬温度
冬型	3℃

日当たり	育てやすさ

ブーファン属。日当たり、風通しのよい場所で、生育期は表土が乾いたら株元から水を与え、春からは量と回数を減らし、冬から春は増やす。

光堂
Pachypodium namaquanum

タイプ	越冬温度
春秋型	5℃

日当たり	育てやすさ

パキポディウム属。年中日がよく当たる場所で育てる。真夏の休眠期は断水し、生長期は土が乾いたら水をやる。葉は繁ったまま越冬する。

デンシフローラム
Pachypodium densiflorum

タイプ	越冬温度
夏型	5℃

日当たり	育てやすさ

パキポディウム属。丈夫で育てやすいが寒さには弱い。直射日光を当て、風通しのよい場所で育てる。この属の中ではもっとも育てやすい。

万物想
Tylecodon reticulatus

タイプ	越冬温度
冬型	0℃

日当たり	育てやすさ

チレコドン属。日を十分に当てて管理。厳冬地を除きベランダ管理が可能。夏の休眠期は遮光して風通しをよくし、断水気味に。夏に落葉する。

アフリカ亀甲竜
Dioscorea elephantipes

タイプ	越冬温度
春秋型	5℃

日当たり	育てやすさ

ディオスコレア属。春秋型のアフリカ産と夏型のメキシコ産がある。半つる性のため支柱が必要。メキシコ産は寒さに弱い。休眠期は断水。

アルテルナンス
Pelargonium alternans

タイプ	越冬温度
冬型	0℃

日当たり	育てやすさ

ペラルゴニウム属。枯れ枝のような茎に細かい葉をつける。多湿が苦手なので、長雨に当てず、風通しのよい場所で管理。夏は落葉する。

※春秋型のコーデックスはガステリア属、冬型のコーデックスはコノフィツム属の栽培に準ずる。

ガステリア

Gasteria

厚い葉が独特の形で生長し、その個性的な姿にファンが多い植物です。強い日射しで葉焼けを起こしてしまうため、夏の間は遮光してやさしい光で育てましょう。

▶ エクセルサ

舌状や長剣状の肉厚の葉が左右対象、または旋回しながら育つ独特な形の植物です。葉の表面がざらついた感じのものや、濃い緑色に白や黄色の斑入りのものなど、より個性的な品種が好まれます。小さな胃袋のような形の花をつけることからガステリアの名がつきました。

生長はゆっくりですが、暑さや寒さに強く比較的育てやすい植物です。生育期は春から初夏で、やや弱めの光で育てるときれいな葉が保てます。ただし、日照不足になると葉の形が悪くなるので、日照方向を考え、定期的に鉢を回しながら育てるとよいでしょう。水分を欲しがる種類なので、1年を通して断水はせずに土が乾いたら水やりをします。葉ざしで殖やせます。

Basic Data

- **科名** アロエ科
- **原産地** 南アフリカ
- **育てやすさ** 🌱🌱🌱
- **日当たり** ●●◐
- **越冬温度** 5℃

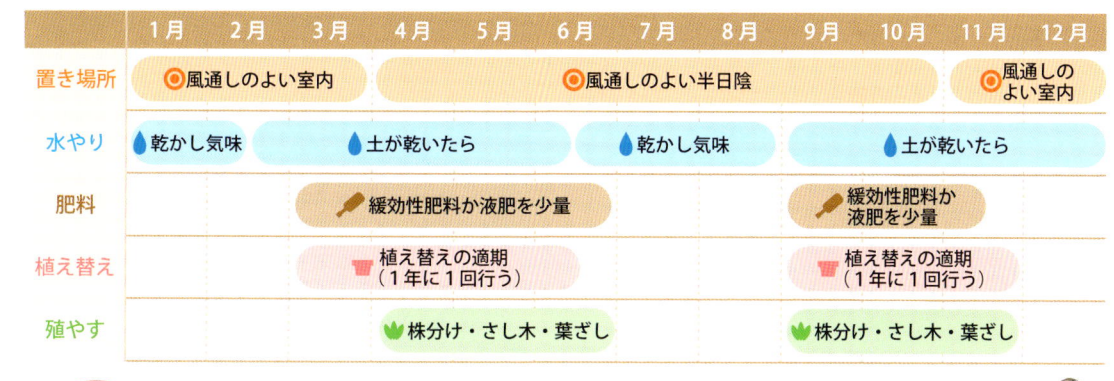

part 3　人気の多肉植物　失敗なしの育て方カタログ

葉がユニークな個性派タイプ　▼▼▼　ガステリア

	1月	2月	3月	4月	5月	6月	7月	8月	9月	10月	11月	12月
置き場所	風通しのよい室内				風通しのよい半日陰						風通しのよい室内	
水やり	乾かし気味			土が乾いたら			乾かし気味			土が乾いたら		
肥料			緩効性肥料か液肥を少量						緩効性肥料か液肥を少量			
植え替え			植え替えの適期（1年に1回行う）						植え替えの適期（1年に1回行う）			
殖やす				株分け・さし木・葉ざし					株分け・さし木・葉ざし			

葉ざしで殖やそう！

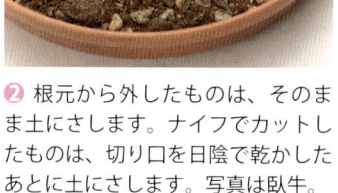

トライ！

❷ 根元から外したものは、そのまま土にさします。ナイフでカットしたものは、切り口を日陰で乾かしたあとに土にさします。写真は臥牛。

❶ 適期は植え替えと同じ生育期の春と秋です。さし葉は根元から外します。大きな葉の場合は、葉の途中をナイフなどでカットしたものでも発根可能です。

Q 知り合いからガステリアをもらいました。植え替えをしたいのですが、どんな鉢がいいのかわかりません。

A 植え替えは春と秋が適期で、少なくとも2～3年に1回は行うとよいでしょう。根は太く長い直根なので深い鉢に植えるのがおすすめです。植えつけは根を広げるように行います。多湿を嫌うものもあるので、できれば通気性のある鉢を選ぶようにしましょう。

育て方

置き場所

強すぎる光に弱いため、半日陰で管理するとよい。室内で育てる場合はカーテン越しの窓辺などがベスト。大型種は雨ざらしも可能だが、夏場の直射日光は葉焼けの原因になるので遮光が必要。日照方向を考え、定期的に鉢を回しながら育てるときれいな葉を保ちやすい。

水やり

生育期は土が乾いてから水をたっぷり与える。夏場と冬場は鉢の中まで乾いてから。真夏を除く春から秋の時期は葉水を行い、空気中の湿度を高くするとよい。

肥料

生育期に少なめに与える。

病害虫

乾燥を好むアカダニなどを防除するために葉水を与えるのもよい。一般的な生理現象では、過湿による根ぐされに注意。

冬越し

5℃以下は室内で管理するのが好ましい。

臥牛
Gasteria armstrongii

タイプ	越冬温度
春秋型	3℃

育てやすさ	日当たり

舌状の葉を密に重ねる。園芸品種も多く出ている。年間を通して直射日光の当らない明るい場所で管理し、水は鉢内の土が完全に乾いてからたっぷりと与える。

エラフィアエ
Gasteria ellaphieae

タイプ	越冬温度
春秋型	3℃

育てやすさ	日当たり

白点のある三角の葉をロゼット状につける。日当たりのよい屋外か、カーテン越しの窓辺などに置く。夏場は遮光が必要。乾燥する時期は霧吹きなどで空中湿度を保つとよい。

熊笹
Gasteria 'Kumazasa'

タイプ	越冬温度
春秋型	3℃

日当たり	育てやすさ

'ピランシー'と'恐竜臥牛'の交配種で日本で作られた園芸種。日射しの入る室内で管理するとよい。

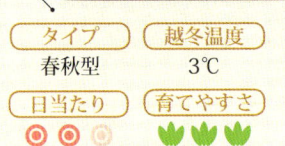

臥牛竜錦
Gasteria × 'Gagyu Ryu Nishiki'

タイプ	越冬温度
春秋型	3℃

日当たり	育てやすさ

臥牛の交配種で斑入りのもの。寒さ、暑さには丈夫だが、真夏は半日陰に置く。表土が乾いたらたっぷりと水を与える。

エクセルサ
Gasteria excelsa

タイプ	越冬温度
春秋型	3℃

日当たり	育てやすさ

レースのカーテン越しの窓辺などの遮光した環境に置く。空中の湿度が高い状態を好むため、霧吹きなどで湿度を加えるとよい。

part 3　人気の多肉植物　失敗なしの育て方カタログ

葉がユニークな個性派タイプ　▼▼▼ ガステリア

春鶯囀
Gasteria batesiana

- タイプ：春秋型
- 越冬温度：3℃
- 日当たり
- 育てやすさ

風通しのよい場所で遮光気味に管理する。水やりは土が乾いてから行い、夏場の過湿に注意する。定期的に鉢を回すことで、美しい葉形に育つ。

リリプターナ
Gasteria liliputana

- タイプ：春秋型
- 越冬温度：3℃
- 日当たり
- 育てやすさ

小型でよく子株をつけて群生し、反り返った葉がらせん状に重なる。日によく当てて育てる。土がすべて乾かないうちに水を与える。

グロメラータ
Gasteria glomerata

- タイプ：春秋型
- 越冬温度：3℃
- 日当たり
- 育てやすさ

肉厚の葉で、よく群生する小型種。冬は屋内の日当たりのよい場所で管理すると、鮮やかなかわいらしい花をたくさんつける。

ピランシー錦
Gasteria pillansii

- タイプ：春秋型
- 越冬温度：5℃
- 日当たり
- 育てやすさ

真夏の高温多湿が苦手なので、風通しがよく、直射日光の当たらない涼しい場所で管理する。夏以外は日当たりのよい所で栽培する。

白星竜
Gasteria carinata var. verrucosa

- タイプ：春秋型
- 越冬温度：3℃
- 日当たり
- 育てやすさ

寒さ暑さに対して強いが、高温多湿を嫌う。そのため、夏期は水やりを控えて風通しのよい半日陰で管理する。

象牙子宝
Gasteria 'Zouge Kodakara'

- タイプ：春秋型
- 越冬温度：3℃
- 日当たり
- 育てやすさ

通年遮光気味で育て、水はやや多めに与える。ゆっくりと生長する。1～2年に1回程植え替えを行い、生長を促す。

コノフィツム

Conophytum

典型的な冬型タイプの多肉植物です。日当たりと風通しがよい場所で、雨に濡れない環境に置くことが上手にきれいに育てるポイントになります。

▶ペアルソニー

コロンとした葉の中心が割れたように見える姿が愛らしいコノフィツム。1年に1回、枯れた葉を脱皮するように脱ぎながら生育するユニークな植物です。多肉植物の中では、リトープスなどとともに「玉型メセン」とも呼ばれています。

暑さが苦手な種類で、多くは、5月下旬頃から8月下旬頃まで休眠します。休眠中は基本的には断水で管理します。この間に葉が枯れたようになり、秋に水やりを行うと、古い葉の間から新葉を出します。新葉が出ると、赤、ピンク、黄色、白などの花を咲かせますが、枯れた花が葉に貼りつくと色素沈着を起こすことがあるため、咲き終わったら早めに花がらを取りましょう。株分け、さし木で殖やすことができます。

Basic Data

- 科名: ハマミズナ科
- 原産地: 南アフリカ
- 育てやすさ: 🌱🌱🌱
- 日当たり: ◉◉○
- 越冬温度: 3℃

part 3　人気の多肉植物　失敗なしの育て方カタログ

葉がユニークな個性派タイプ　▼▼▼　コノフィツム

	1月	2月	3月	4月	5月	6月	7月	8月	9月	10月	11月	12月
置き場所	◉日当たりのよい屋内か温室				◉雨の当たらない日陰					◉日当たりのよい屋内か温室		
水やり	💧土が乾いたら			💧乾かし気味		💧ごく少し		💧乾かし気味		💧土が乾いたら		
肥料										🧴緩効性肥料か液肥		
植え替え								🪴植え替えの適期				
殖やす								🌱分頭（株分け）				

トライ！ 古皮を取ってきれいに見せよう！

❶ 脱皮した古い皮が残っているときには、ピンセットなどで古皮をとってきれいにしてやりましょう。写真は聖園。

❷ 鉢から抜き土を落としたら、茶色の古い皮をむきます。葉や茎を傷つけないように注意しましょう。

❸ 新しい土に植えつけます。植えつけ後、3〜4日たってから水を与えます。

育て方

置き場所

雨よけができる日当たり、風通しのよい場所。日射しの強い夏は少し遮光気味に管理するとよい。室内育成の場合には、冷暖房によって生長サイクルが変らないよう配慮が必要。

水やり

生長期の秋から春にかけては、週1回くらいのペースで土が完全に乾いてからたっぷり与える。5〜6月から休眠期に移るので、徐々に水やりを減らし、夏の間は断水する。

肥料

ほとんど必要ない。植え替え時の元肥のみで十分。

病害虫

病気は、カビによるものに注意が必要。また生理障害の根ぐされ、蒸れ、葉焼けに気をつける。害虫は、ネジラミ、ナメクジ、カタツムリの食害。その他、ベランダで育てる場合には、鳥害。

冬越し

霜に当てないように注意する。

Q コノフィツムの葉がしわしわになり、だんだん茶色に変色してきました。腐ってしまったのでしょうか？

A 初夏から夏の間にこのような状態が見られるのであれば問題ありません。葉が枯れたようになるのは休眠中の自然現象で、9月頃にはしわしわの葉がむけて、新芽がでてきます。休眠中は直射日光を避け、雨よけのある明るい日陰に移し、水やりはごく少なくします。休眠中に水やりをしてしまうと、蒸れやすくなるだけではなく花芽形成ができなくなってしまいます。9月に入ったら葉水を開始し、徐々に通常の水やりにしていくとよいでしょう。

'オペラローズ'
Conophytum 'Opera Rose'

タイプ	越冬温度
冬型	0℃

日当たり	育てやすさ

生育期の冬は風通しがよく日当たりのよい室内などに置くとよい。夏は遮光し、断水気味に管理する。花色はピンク。

円空（えんくう）
Conophytum marnierianum

タイプ	越冬温度
冬型	0℃

日当たり	育てやすさ

コノフィツム・エクテクブムとビロブムの自然交配種。雨に当てず風通しを確保する。花色は黄、ピンク、赤などがあり、紋様が見どころ。

ウスプルンギアナム
Conophytum ursprungianum

タイプ	越冬温度
冬型	0℃

日当たり	育てやすさ

風通しのよい、やや半日陰の軒下などで栽培するとよい。休眠期には遮光、断水気味に管理する。花色はピンクで夜開く。

シネレオビリディス
Conophytum × cinereoviridis

タイプ	越冬温度
冬型	0℃

日当たり	育てやすさ

直射日光や雨水の当たらない、明るい半日陰などで栽培する。多湿を嫌うため、通風の確保と休眠期の水やりに注意が必要。花色はオレンジ。

'小菊の舞'（こぎくのまい）
Conophytum × 'Kogikunomai'

タイプ	越冬温度
冬型	0℃

日当たり	育てやすさ

脱皮した皮の間に水分を溜めて多湿にさせないようにする。生育期の秋には、さし木、株分けや植え替えもできる。花色は黄色。巻き花。

'菊丸'（きくまる）
Conophytum 'Kikumaru'

タイプ	越冬温度
冬型	0℃

日当たり	育てやすさ

風通しのよい明るい半日陰で管理する。水やりは、生育期には用土が乾いてから行い、休眠期は断水気味にする。花色は黄色。

part 3 人気の多肉植物 失敗なしの育て方カタログ

葉がユニークな個性派タイプ ▼▼▼ コノフィツム

'花車'
Conophytum 'Hana Guruma'

- タイプ: 冬型
- 越冬温度: 0℃
- 日当たり: ●●●
- 育てやすさ: 🌱🌱🌱

秋から春にかけて生長する。とくに涼しい秋はよく育つ。日に十分当たり、風通しのよい場所で管理する。花色は朱色。巻き花。

ナマカナム
Conophytum namaquanum

- タイプ: 冬型
- 越冬温度: 0℃
- 日当たり: ●●●
- 育てやすさ: 🌱🌱🌱

風通し、日当たりのよい場所に置いて管理を。水は、生育期には用土が完全に乾いてからたっぷりと与え、休眠期には断水する。花色は黄色。

スルカツム
Conophytum sulcatum

- タイプ: 冬型
- 越冬温度: 0℃
- 日当たり: ●●●
- 育てやすさ: 🌱🌱🌱

凹凸のある葉が特徴で、小型の葉をこんもりと球形に群生させる。気温が下がると緑色の葉が茶色に変わる。花色はピンク。

ブルゲリ
Conophytum burgeri

- タイプ: 冬型
- 越冬温度: 0℃
- 日当たり: ●●●
- 育てやすさ: 🌱🌱🌱

コノフィツムの中でもとくに多湿に弱い。通風も大事。春先から初秋にかけては水やりを控え、極少量のみ与える。寒さには強い。

ブラウニー
Conophytum ectypum ssp. brownii

- タイプ: 冬型
- 越冬温度: 0℃
- 日当たり: ●●●
- 育てやすさ: 🌱🌱🌱

ややシワのあるような肌が特徴。日射しがあり風通しのよい半日陰に置くのが最適。夏の休眠時には遮光し断水気味に。花色はピンク。

ピランシー
Conophytum pillansii

- タイプ: 冬型
- 越冬温度: 0℃
- 日当たり: ●●●
- 育てやすさ: 🌱🌱🌱

風通しのよい明るい半日陰で管理する。生育期には水が切れないようにし、休眠期は遮光して断水気味にする。花色はピンク。

マウガニー
Conophytum maughanii

タイプ	越冬温度
冬型	0℃

日当たり／育てやすさ

生育期の水やりは、土が完全に乾いたら、たっぷりと与え、夏は控える。紅葉して紅色になる。透明な窓があり、遮光して育てる。

ペルシダム
Conophytum pellucidum

タイプ	越冬温度
冬型	3℃

日当たり／育てやすさ

夏は風通しのよい場所で少し遮光し、断水気味に管理。生育期は日当たりのよい場所へ移し、水切れさせない。花色は白。

ペアルソニー
Conophytum pearsonii

タイプ	越冬温度
冬型	0℃

日当たり／育てやすさ

群生して育てやすい小型種。つるっとした葉から昼咲きのピンク色の花をつける。休眠期の夏は完全断水にし、葉水を与える。

コノフィツムの仲間

碧魚連
Braunsia maximiliani

タイプ	属
冬型	ブラウンシア
越冬温度	育てやすさ
0℃	

日当たり

葉が連なりつる状に伸びる。葉をふち取る濃い緑のラインは紅葉する。夏は遮光し、断水気味にする。秋から春は日に当てる。花色はピンク。

風鈴玉
Conophytum friedrichiae

タイプ	越冬温度
冬型	0℃

日当たり／育てやすさ

脱皮した皮の間に水が溜まらないように注意が必要。秋頃開花し、繁殖は実生。夏の暑さや蒸れに弱いので、遮光し通風をよくする。

レガレ
Conophytum regale

タイプ	越冬温度
冬型	0℃

日当たり／育てやすさ

水はけのよい土で育て、根腐れなどに気をつける。日によく当てる。夏は休眠するので、水やりは控え、少量を夕方以降に与える。

part 3 人気の多肉植物 失敗なしの育て方カタログ

葉がユニークな個性派タイプ ▼▼▼ コノフィツム

コノフィツムの仲間
四海波
Faucaria tigrina

- タイプ：冬型
- 属：フォーカリア
- 越冬温度：0℃
- 育てやすさ：🌱🌱
- 日当たり：◉◉◯

南アフリカ原産。日当たりのよい場所で管理し、過湿にならないよう雨よけをする。生育期は水をたっぷり与える。休眠期は半日陰へ。

コノフィツムの仲間
大鮫
Gibbaeum velutinum

- タイプ：冬型
- 属：ギバエウム
- 越冬温度：3℃
- 育てやすさ：🌱🌱
- 日当たり：◉◉◯

南アフリカ原産。ビロード状で左右非対称の葉を数対重ねて群生する強健種。冬は室内に置き、日に当てる。夏は断水気味に管理。花色はピンク。

コノフィツムの仲間
神風玉
Cheiridopsis pillansii

- タイプ：冬型
- 属：ケイリドプシス
- 越冬温度：3℃
- 育てやすさ：🌱🌱
- 日当たり：◉◉◯

南アフリカ原産。夏場は通風のある場所で遮光し、水は控えめに。雨、雪、霜は避ける。ケイリドプシス属の中では管理がやや難しい種類。

コノフィツムの仲間
魔玉
Lapidaria margaretae

- タイプ：冬型
- 属：ラピダリア
- 越冬温度：0℃
- 育てやすさ：🌱🌱
- 日当たり：◉◉◯

白粉を帯びる青緑葉で一属一種。冬は日当たりのよい場所で育て、風通しを確保。夏は遮光下で管理。水やりは控え気味でよい。花色は黄色。

コノフィツムの仲間
青鸞（せいらん）
Pleiospilos simulans

- タイプ：冬型
- 属：プレイオスピロス
- 越冬温度：3℃
- 育てやすさ：🌱🌱
- 日当たり：◉◉◯

葉が固く乾燥に強い。日のよく当たる場所で管理するが、夏は半日陰へ。風通しを確保し、乾かし気味でよい。花色は黄色。

コノフィツムの仲間
ボスケアーナ
Faucaria bosscheana

- タイプ：冬型
- 属：フォーカリア
- 越冬温度：0℃
- 育てやすさ：🌱🌱
- 日当たり：◉◉◯

南アフリカ原産。鋸歯状の葉をした小型種。戸外でも越冬可能だが雨、雪、霜は避ける。梅雨頃の休眠期は涼しい場所で断水する。

スタペリア

Stapelia

角ばった四角柱のような茎をもつスタペリアは、よく枝分かれして群生し、おもしろい形になります。丈夫で育てやすいので、さし木で殖やしながら楽しみましょう。

▶ピロサス（スタペリアンサス）

Basic Data

- 科名：ガガイモ科
- 原産地：東アフリカから南アフリカ、インド
- 育てやすさ：🌱🌱🌱
- 日当たり：◉◉◎
- 越冬温度：8℃

スタペリアの茎には葉がほとんどなく、葉ができてもすぐに落ちてしまい、茎で光合成をしています。花も変わっていて、星形やヒトデ形。花びらには横じまや虎斑（とらふ）のような模様があり、なかには腐肉のようなにおいをただよわせて昆虫を呼び、花粉を媒介してもらう種類もあります。花は若い茎につきやすいので、茎の上部を切り取って、若い茎を出すように促しましょう。

春から秋の高温期が生育期で、枝ざしや植え替えは春から初夏が適しています。ふつう冬の間は休眠しますが、比較的低温に弱く、一度凍らせると枯れてしまうので、冬期に気温が5℃以下になるところでは温室などで管理したほうがよいでしょう。

part 3　人気の多肉植物　失敗なしの育て方カタログ

葉がユニークな個性派タイプ　スタペリア

	1月	2月	3月	4月	5月	6月	7月	8月	9月	10月	11月	12月
置き場所	日当たりのよい屋内か温室					雨の当たらない半日陰				日当たりのよい屋内か温室		
水やり	断水		乾かし気味		土が乾いたら					乾かし気味		
肥料					緩効性肥料か液肥							
植え替え				植え替えの適期								
殖やす					株分け・さし木						

牛角
Stapelia variegata

タイプ：春秋型
越冬温度：5℃
日当たり：◎◎◎
育てやすさ：🌱🌱🌱

日当たりのよい環境で栽培する。冬は室内に取り込む。過湿が苦手で、水やりは土の表面が乾いてから行う。秋以降は乾かし気味に。

ディバリカータ
Stapelia divaricata

タイプ：春秋型
越冬温度：5℃
日当たり：◎◎◎
育てやすさ：🌱🌱

サボテンに似た柱状の茎で、白っぽいクリーム色にピンクが入るヒトデ型の花をつける。雨よけのある日当たりのよい場所に置き、冬は断水する。

スタペリアの仲間

ピロサス
Stapelianthus pilosus

タイプ：春秋型
属：スタペリアンサス
越冬温度：8℃
育てやすさ：🌱🌱
日当たり：◎◎

マダガスカル南西部産。日当たりがよく、やや遮光した環境で育てる。寒さに弱い。花が咲くと特有の臭いを発する。

育て方

置き場所
風通しがよく、雨に濡れない半日陰の場所に置く。霜が降りる前に室内に取り込み、日当たりのよい場所で管理する。温室がない場合は、覆いなどをかけて夜の寒気を防ぐとよい。

水やり
水切れするとすぐに弱るので、とくに生育期はたっぷりと与える。晩秋から、少しずつ水を減らし、冬は完全に断水する。

肥料
植え替えの際に緩効性肥料を用土にまぜておく。5〜7月と9月には、月1〜2回、薄い液肥を与える。

病害虫
乾燥すると線虫がつきやすくなるので注意する。カイガラムシが発生しやすく、根につくと枯れやすいので、月1回程度、殺虫剤を鉢土に入れるとよい。

冬越し
冬は室内に入れて、温度を保てる場所に置き、真冬は断水して休眠させる。

143

セネキオ

Senecio

葉が肉厚になったり、茎が多肉化したりとバラエティに富むセネキオは、赤や黄色、紫、白などの花を咲かせることもできます。いろいろな種類を集めてみるのも楽しいでしょう。

▶ 紫月（オトンナ）

セネキオ属の植物はほとんど世界中に分布していますが、葉や茎が厚く多肉化して水をたくわえるようになった多肉セネキオは、おもにアフリカ、インド、メキシコなどの乾燥地帯が原産地で、およそ80種があります。

多肉セネキオには、紫月や新月、グリーンネックレスのように葉が多肉化するもの、七宝樹や鉄錫杖のように茎が多肉化するもの、日本ではあまり見かけませんが根茎が多肉化するものもあります。

夏に休眠する冬型種と、冬に休眠する夏型種がありますが、どちらも春と秋に生長します。葉が多肉化するものは比較的育てやすく、増殖も容易です。根が細くて繊細なので、植え替えるときには、根を乾かさないように注意しましょう。

Basic Data

- **科名** キク科
- **原産地** アフリカ大陸、マダガスカル、カナリア諸島、インド、メキシコ
- **育てやすさ** 🌱🌱🌱
- **日当たり** ◉◉◉
- **越冬温度** 3℃

part 3　人気の多肉植物　失敗なしの育て方カタログ

葉がユニークな個性派タイプ　▼▼▼　セネキオ

	1月	2月	3月	4月	5月	6月	7月	8月	9月	10月	11月	12月
置き場所	◎日当たりのよい屋内か温室					◎風通しのよい日なた					◎日当たりのよい屋内か温室	
水やり	💧乾かし気味			💧土が乾いたら			💧乾かし気味			💧土が乾いたら		💧乾かし気味
肥料					夏型は液肥を月に1回程度				冬型は液肥を月に1回程度			
植え替え				植え替えの適期								
殖やす				株分け・さし木								

トライ！ 徒長した茎を切って、再生させよう！

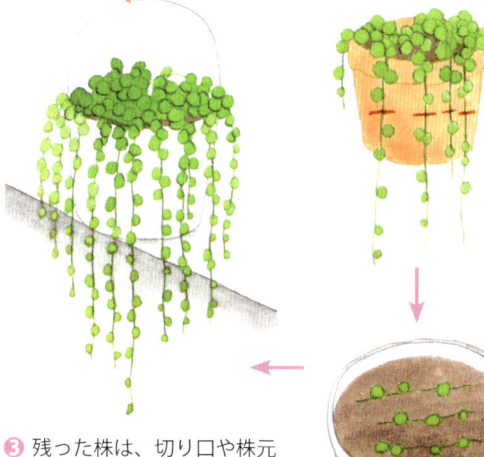

❶ 徒長した茎を、株元から適当な高さで切りそろえましょう。

❷ 葉が少しかくれるように土の上に置きます。

❸ 残った株は、切り口や株元から新しいわき芽が出てくるので、それを育てます。

育て方

置き場所
夏は、風通しがよく遮光ができる場所に置き、雨に当てないように注意する。冬は暖かい室内に取り込んで、窓辺の日当たりのよい場所に置く。

水やり
多湿になると根ぐされを起こしやすいので、土が乾いたらたっぷりと水をやる。休眠期も完全に断水すると枯れてしまうので、根を乾かさない程度に水をやる。

肥料
夏型種は5〜6月、冬型種は9〜11月に、薄めた液肥を月1回程度与える。

病害虫
カイガラムシやアブラムシがつきやすいので、見つけたら歯ブラシなどを使ってこすり落とすようにする。

冬越し
冬はフレームか温室で日照を確保できる場所に置く。保温設備がない場合は、室内の暖かい場所で凍らないように管理する。

Q 銀月を育てています。白い綿毛がきれいだと聞いたのですが、茶色にくすんできてしまいました。どうしてでしょうか。

A 雨ざらしにしていませんか？　雨に濡れて根ぐされを起こしたことが原因でしょう。銀月は夏の暑さがとくに苦手で、高温多湿になると根ぐされを起こしやすくなります。雨の当たらない場所に移し、水やりは鉢土が乾いてからやるようにします。

ケープアイビー
Senecio macroglossus

タイプ	越冬温度
夏型	3℃

育てやすさ／日当たり

南アフリカ原産。つる性で観葉植物のアイビーに似た葉を持つ。真夏、真冬は水やりを控えめにするが水切れも避ける。耐寒性が低いため、冬は日の当たる室内で管理するほうがよい。

京童子
Senecio herreanus

タイプ	越冬温度
夏型	3℃

育てやすさ／日当たり

日に当てることで葉がぷっくりし、縦縞の模様がきれいにでる。ただし強光は避け、真夏は遮光気味に管理する。乾燥に強いが多湿には弱く、水やりは控えめに。枝を土の上に置くと発根する。

マサイの矢尻
Senecio kleiniiformis

タイプ	越冬温度
夏型	5℃

育てやすさ／日当たり

南アフリカ原産。葉先に切れ込みがあり、葉全体が内側に巻き込むのが特徴。丈夫でよく育つ。夏期は半日陰に置き、冬期は日射しの入る室内に移す。真夏や真冬は水を控えめにする。

七宝樹錦
Senecio articulatus f. variegata

タイプ	越冬温度
春秋型	3℃

育てやすさ／日当たり

七宝樹の斑入り種で、柱状の茎が上に伸びる。日にはよく当て、真夏は半日陰で管理する。冬は室内の明るい日射しが入る場所に移動するとよい。水は表土が乾いたら与える。

part 3　人気の多肉植物　失敗なしの育て方カタログ

葉がユニークな個性派タイプ ▼▼▼ セネキオ

新月
Senecio scaposus

タイプ	越冬温度
冬型	5℃

日当たり	育てやすさ

強い直射日光や高温多湿が苦手。夏場は遮光するか半日陰で管理し、水やりは回数を控えるようにする。

グリーンネックレス
Senecio rowleyanus

タイプ	越冬温度
春秋型	3℃

日当たり	育てやすさ

日光を好むが、夏の高温や直射日光は避ける。乾燥に強く多湿が苦手。休眠中であっても根は乾かさないように注意する。

大型銀月
Senecio haworthii

タイプ	越冬温度
冬型	5℃

日当たり	育てやすさ

夏の高温多湿に弱く、真夏は風通しのよい半日陰へ移動して水やりを控える。春と秋にはたっぷりと水やりをする。さし木で繁殖可。

セネキオの仲間

紫月
Othonna capensis

タイプ	属
冬型	オトンナ

越冬温度	育てやすさ
3℃	

日当たり	

年間を通して乾燥気味に管理。夏場の直射日光は避け、冬場は日射しの入る室内に。ルビーネックレスの名でも流通している。

万宝
Senecio serpens

タイプ	越冬温度
春秋型	5℃

日当たり	育てやすさ

暑さ、寒さに弱く、春秋の温暖な季節に生長する。日なたを好むが夏の強光は避ける。水やりは土が乾いてから行い、冬は乾かし気味に管理。

鉄錫杖
Senecio sp.

タイプ	越冬温度
夏型	5℃

日当たり	育てやすさ

柱状の幹が上に伸びるユニークなタイプ。真夏の蒸し暑さが苦手なため、風通しがよく日当たりのよい場所で育てる。

ハオルチア

Haworthia

ハオルチアは、とがったかたい葉をつける種類と葉に半透明の「窓」を持つ種類があります。原産地では多くの種類が藪の中などに生えています。直射日光に当てないように育てましょう。

▶ 十二の巻

南アフリカのケープ州を中心とする限られた地域に原産するハオルチアは、葉の形がたいへんバラエティに富んでいて人気があり、新しい園芸品種を作るための交配もさかんに行われています。

かたい葉をつけるタイプは、葉の裏側に白い縞やリング状の模様が入るものが多くそろっています。半透明の「窓」を持つタイプでは、葉はやわらかくて、「窓」の部分がさまざまな模様になって独特の雰囲気をただよわせます。

どちらも根元に子株をつけて群生するので、増殖は株分けで（→P31）。芯止めといって、茎の上部を切り取ると子株の発生を促すことができます。葉ざしやタネで殖やすこともできます。葉ざしは、生育期の春と秋が適期です。

Basic Data

- 科名：アロエ科
- 原産地：南アフリカ
- 育てやすさ：🌱🌱🌱
- 日当たり：◉ ◯ ◯
- 越冬温度：0℃以上

part 3 人気の多肉植物 失敗なしの育て方カタログ

葉がユニークな個性派タイプ ▼▼▼ ハオルチア

	1月	2月	3月	4月	5月	6月	7月	8月	9月	10月	11月	12月
置き場所	日当たりのよい屋内か温室					雨の当たらない半日陰				日当たりのよい屋内か温室		
水やり	乾かし気味						土が乾いたら					乾かし気味
肥料				緩効性肥料か液肥を少量						緩効性肥料か液肥を少量		
植え替え				植え替えの適期						植え替えの適期		
殖やす				株分け・葉ざし・タネまき						株分け・葉ざし・タネまき		

トライ！ 株分けをしてみよう！

❶ 子株をつけた株を植え替えの際に株分けしてみましょう。写真は玉扇。

❷ 鉢から抜いた株は、ナイフなどを使って子株を切りはなします。細い根は切り取り、太い根だけを残します。

❶ 鉢に新しい用土を入れて植えつけます。水やりは、植えつけ後3〜4日たってから始めましょう。

Q ハオルチアの十二の巻を育てています。購入したときには葉の緑色がきれいでしたが、だんだん赤みがかってしまいました。どうしてでしょうか。

A 強い日射しで変色したのでしょう。ハオルチアは、強い日射しを浴びると、葉全体が赤みを帯びてしまいます。枯れることはありません。夏ならしっかり遮光できる場所に移動させ、冬も窓辺の明るい場所に置いておけば元気に生育します。

育て方

置き場所
夏はあまり生育させないで、風通しがよく遮光ができて、雨に当たらない場所に置く。冬は室内に移し、窓辺などの明るい場所に置く。

水やり
春と秋の生育期は、鉢土が半分くらい乾いたらたっぷりと与え、生育が止まる夏と冬は少なめにする。

肥料
ほとんど必要ないが、春と秋の生育期に、緩効性化成肥料か薄い液肥を少量与えてもよい。

病害虫
夏は、直射日光による葉焼けに注意。高温多湿が続くと軟腐病（なんぷびょう）が増える。苦土石灰（くどせっかい）をまいて予防する。

冬越し
冬は温室かフレーム内に置く。保温設備がない場合は、夜間の冷気に当てないように、二重のビニールなどで覆いをしてもよい。

ピグマエア
Haworthia pygmaea

タイプ	越冬温度
春秋型	3℃

日当たり / 育てやすさ

高温多湿を嫌うため、風通しのよい窓辺や、半日陰で管理する。土が乾いたら水をやり、休眠期は控えめにする。

キンビフォルミス
Haworthia cymbiformis

タイプ	越冬温度
春秋型	3℃

日当たり / 育てやすさ

風通しがよく、通年明るい半日陰で栽培する。多湿が苦手なため、水やりは控えめにし、根ぐされのないように管理する。

'アマゾナイト'
Haworthia 'Amazonite'

タイプ	越冬温度
春秋型	3℃

日当たり / 育てやすさ

鉢内の土が完全に乾いたら鉢底から流れ出るくらい水を与える。弱い光を好むため、レースのカーテン越しの窓辺などに置くのが最適。

キンギアナ
Haworthia kingiana

タイプ	越冬温度
春秋型	5℃

日当たり / 育てやすさ

雨や霜に弱く、また日光もあまり必要としないため、明るく日射しの入る室内が最適。葉が腐った場合はその部分だけ切り取り捨てる。

'ギザギザハート'
Haworthia 'Gizagiza Heart'

タイプ	越冬温度
春秋型	3℃

日当たり / 育てやすさ

室内の明るい日陰で管理する。春と秋の生育期にはたっぷりと水を与える。それ以外は控えめにするが、室内の環境をみて判断する。

ギガス
Haworthia gigas

タイプ	越冬温度
春秋型	3℃

日当たり / 育てやすさ

ある程度遮光した風通しのよい環境で管理する。生育期は土が乾いてから水を与え、梅雨入り以降の蒸し暑い季節は、水を控えめにする。

part 3 人気の多肉植物 失敗なしの育て方カタログ

葉がユニークな個性派タイプ　ハオルチア

万象
Haworthia maughanii

タイプ	越冬温度
春秋型	3℃

日当たり　育てやすさ

風通しがよく日当たりのよい場所を好むが、真夏は半日陰へ移動する。生育期は水は表土が乾いたらたっぷり与える。

十二の巻
Haworthia fasciata

タイプ	越冬温度
春秋型	3℃

日当たり　育てやすさ

強光は苦手なため、遮光気味に管理する。冬は霜にあたらないように注意。水やりは土が乾いてから行い、夏と冬は乾かし気味にする。

オブツーサ
Haworthia obtusa

タイプ	越冬温度
春秋型	3℃

日当たり　育てやすさ

生育期は日光を数時間当ててやると徒長せずに育つ。土が乾いたらたっぷりと水やりをし、休眠期には控えるようにする。

ストリアータ
Haworthia striata

タイプ	越冬温度
春秋型	3℃

日当たり　育てやすさ

一年を通してよく日に当てて育てる。日照不足は徒長を引き起こす。水やりは生長期には土が乾いてからたっぷり与え、冬は控えめにする。

冬の星座
Haworthia papillosa

タイプ	越冬温度
春秋型	3℃

日当たり　育てやすさ

強い日射は葉焼けの原因になるため、冬以外は明るい半日陰で育てる。夏は風通しのよい場所へ。水は土が乾いてから。

ピリフェラ錦白斑
Haworthia cooperi var. pilifera variegated

タイプ	越冬温度
春秋型	3℃

日当たり　育てやすさ

ピリフェラ錦の色斑入り。強光が苦手なため、室内のレースのカーテン越しで明るい窓辺などに置く。水やりは乾かし気味で。

Huernia

フェルニア

スタペリアに近いグループで、星形や鐘形の花を咲かせます。虫を引き寄せて受粉させるため、花にはかすかに腐臭があります。鉢植えは、こまめに植え替えて花を楽しみましょう。

▶ バルバータ

角ばったこん棒ような形のフェルニアの茎には、葉がほとんどなく、多くはトゲのような突起がついています。おもに秋に咲く花は、色や形が変化に富んでいて、黄色や茶色の地に横縞や斑点が入るものや、花の内側につぶつぶの突起があるものなど、たいへん個性的で人気があります。

丈夫で次々と子株を出して群生し、ときには芝生のようになるものもあります。生育が旺盛ですが、鉢植えでは殖えすぎると根づまりを起こしやすくなるので注意しましょう。生育期は4～10月ですから、7月頃までに株分けをかねて植え替えるようにします。根が太いので、用土は粒が粗く水はけと水もちがよいものを好みます。

Basic Data

- 科名
  ガガイモ科
- 原産地
  南アフリカから東アフリカ、アラビア半島南部
- 育てやすさ
  🌱🌱🌱
- 日当たり
  ◉◉◉
- 越冬温度
  5℃

part 3　人気の多肉植物　失敗なしの育て方カタログ

葉がユニークな個性派タイプ　▼▼▼フェルニア

	1月	2月	3月	4月	5月	6月	7月	8月	9月	10月	11月	12月
置き場所	◎日当たりのよい屋内か温室				◎雨の当たらない日なた					◎日当たりのよい屋内か温室		
水やり	乾かし気味					土が乾いたら				乾かし気味		
肥料					緩効性肥料か液肥							
植え替え					植え替えの適期							
殖やす				株分け・さし木								

阿修羅
Huernia pillansii

タイプ 夏型
越冬温度 5℃
日当たり ◎◎
育てやすさ 🌱🌱🌱

基本的に明るい場所で栽培するとよいが、強光は避ける。生育期の水やりは土が乾いてからたっぷり行い、寒い時期は断水気味にする。

蛾角
Huernia brevirostris

タイプ 夏型
越冬温度 5℃
日当たり ◎◎
育てやすさ 🌱🌱

生育が旺盛。日当たりを好むが強光は避け、真夏は半日陰に置く。生育期は表土が乾いてから水を与え、越冬中は断水気味にする。

バルバータ
Huernia barbata

タイプ 夏型
越冬温度 5℃
日当たり ◎◎◎
育てやすさ 🌱🌱🌱

日当たりよい場所に置き、春〜秋は用土が乾いたら水を与える。冬は断水。生育が旺盛なため、1年に1回は植え替える。

育て方

置き場所

春から秋の生育期は、屋外の日当たりのよい場所に置き、秋までに株を充実させる。冬はフレームか温室の中に入れ、日当たりのよい場所に置く。

水やり

生育期は、土が乾いたらたっぷりと水をやり、ときどき霧吹きで水をかけて湿度を保つようにする。秋から徐々に水やりを減らし、7℃以下では断水する。

肥料

薄い液肥を、月1回程度、水のかわりに施すとよい。

病害虫

カイガラムシやネジラミが発生しやすいので、年1回程度、浸透移行性の殺虫剤を鉢土に入れるとよい。

冬越し

温室かフレームの中に入れて5℃以下にならないように管理する。保温設備がない場合には、株を掘り上げて新聞紙でつつみ、春まで暖かい場所で管理してもよい。

リトープス

Lithops

脱皮を繰り返して生育する植物で、色や模様などが多様です。多湿にならないよう、夏の管理に気をつけることが上手に育てるポイントです。

▶ '福来玉'

Basic Data

- 科名：ハマミズナ科
- 原産地：南アフリカ、ナミビアの一部
- 育てやすさ：🌱🌱🌱
- 日当たり：◎◎◎
- 越冬温度：0℃

リトープスは肥大した葉が対になったようなユニークな葉形や多彩な色の美しさから「生ける宝石」と評されています。コノフィツムと同様古い葉が割れ脱皮をして生長するタイプで、「玉型メセン」とも呼ばれます。

生育期である秋に花を咲かせ、2〜4月に脱皮します。リトープスは葉に水分を含んだまま脱皮するので、コノフィツムのように脱皮前に葉が茶色のカサカサになることはありません。そのため、通常の脱皮の初期から中期に水をやりすぎると、新芽が水分過剰状態になり、新芽自体も脱皮してしまう二重脱皮が起こります。二重脱皮は株を小さくしてしまう葉ざしはできませんので、植え替え時の株分けで殖やしましょう。

part 3　人気の多肉植物　失敗なしの育て方カタログ

葉がユニークな個性派タイプ　▼▼▼リトープス

	1月	2月	3月	4月	5月	6月	7月	8月	9月	10月	11月	12月
置き場所	日当たりのよい屋内か温室					風通しのよい半日陰				日当たりのよい屋内か温室		
水やり		乾かし気味					断水			乾かし気味		
肥料										緩効性肥料か液肥を少量		
植え替え										植え替えの適期		
殖やす										株分け		

トライ！ リトープスのタネを取ってみよう！

❶ リトープスが結実したらタネを取ってみましょう。果実が完全に乾燥したら茎から外します。

❷ 容器に水を入れて、その中に乾燥した実を入れると、皮が破れ、とても細かいタネが出てきます。

❸ キッチンペーパーやコーヒーフィルターで水をろ過し、そのままタネを乾かします。

Q リトープスは暑さに弱く夏になると溶けてしまうと聞いたことがあります。本当でしょうか？

A リトープスは乾燥に非常に強い反面、高温多湿の状態には弱い植物です。ほかの多肉植物と違い茎の部分がほとんどないため、鉢内が水分過剰の状態だと地ぎわから蒸れやすくなります。この蒸れた状態に腐敗菌などがついてしまうと、軟質の葉の部分は一気に腐りやすくなります。溶けるという表現はこのような状態からきていると思われます。夏は風通しをよくし、場合によっては扇風機で風を送るという方法も蒸れ防止に効果があります。

（ 育て方 ）

置き場所
蒸れに弱いため、雨よけのある風通しのよい場所へ。日射しの強い夏は少し遮光気味に管理するとよい。扇風機などで風を送るのもよい。

水やり
10～11月は土の表面が乾いたらたっぷり与える。脱皮が始まる2～4月は、二重脱皮を防ぐために回数を減らし控え気味にする。6～9月は基本的に断水で、夕方涼しくなってから霧吹きで土を湿らせるとよい。

肥料
ほとんど必要ない。植え替え時の元肥のみでも十分。

病害虫
病気はカビから派生するものに注意が必要。生理障害の根ぐされ、蒸れ、葉焼けにも気をつける。乾燥期となる休眠期はネジラミがつきやすくなる。ナメクジなどの食害にも注意する。

冬越し
霜に当てないように注意する。

タイプ	越冬温度	招福玉
冬型	0℃	*Lithops schwantesii*

育てやすさ　日当たり

日当たりと風通しのよい場所で管理するが、夏の休眠期は半日陰へ移動。水やりは土が乾いてから行い、休眠期は断水。瑞玉の名で流通していることもある。花色は黄色。

タイプ	越冬温度	寿麗玉
冬型	0℃	*Lithops julii*

育てやすさ　日当たり

ナミビア原産。丈夫で手間がかからないが、多湿を嫌うため風通しのよい場所で管理を。真夏は半日陰に置き、蒸れないようにする。水やりは控えめでよく、とくに休眠期は断水する。白い花をつける。

タイプ	越冬温度	巴里玉
冬型	0℃	*Lithops hallii*

育てやすさ　日当たり

南アフリカ産。生育期には日当たり、通風をよくし、土が乾いたら十分に水を与える。休眠期は断水気味に管理する。とくに梅雨、脱皮時の多湿は避ける。白い花をつける。

タイプ	越冬温度	白花黄紫勲
冬型	0℃	*Lithops lesliei* 'Albinica'

育てやすさ　日当たり

一年を通して直射日光の当たる風通しのよい場所で管理する。高温多湿を嫌うため、基本的に水やりは控えめで、とくに夏は遮光し、断水気味にする。白い花をつける。

part 3 人気の多肉植物 失敗なしの育て方カタログ

葉がユニークな個性派タイプ ▼▼▼リトープス

日輪玉
Lithops aucampiae

- タイプ：冬型
- 越冬温度：0℃
- 日当たり
- 育てやすさ

日当たりのよい場所で栽培する。多湿が苦手で、夏と冬は乾燥気味に管理する。寒さには強く、凍らせなければ戸外で冬越しできる。

朱唇玉
Lithops karasmontana

- タイプ：冬型
- 越冬温度：0℃
- 日当たり
- 育てやすさ

赤みの発色がよい種類。夏は少し遮光し、風通しのよい場所で栽培する。水やりは控えめにし、梅雨から初秋までは完全に断水する。

弁天玉
Lithops lesliei v. venteri

- タイプ：冬型
- 越冬温度：0℃
- 日当たり
- 育てやすさ

多湿が苦手なため水やりは控えめにし、梅雨時期や休眠期は断水気味にする。日当たり、風通しのよい場所で管理する。

麗虹玉
Lithops dorotheae

- タイプ：冬型
- 越冬温度：0℃
- 日当たり
- 育てやすさ

休眠期は風通しのよい半日陰、生長期は直射日光下で管理する。水やりは控えめにし、梅雨時期と真夏は断水気味にする。

富貴玉
Lithops hookeri

- タイプ：冬型
- 越冬温度：0℃
- 日当たり
- 育てやすさ

水はけのよい土で育て、多湿にならないよう十分に気をつける。乾燥地帯の植物のため、水やりは月に1回程度で、真夏は断水する。

福来玉
Lithops julii ssp. fulleri

- タイプ：冬型
- 越冬温度：0℃
- 日当たり
- 育てやすさ

風通しのよい場所で遮光気味に管理する。水やりは土が乾いてから行うが、脱皮時や真夏は断水気味にする。いろいろなタイプがある。

アガベ

Agave

センチューリー・フラワーと呼ばれるほど開花するのに時間がかかりますが、暑さ・寒さに強いため、初心者でも育てやすい植物です。繁殖力も旺盛です。

▶ '王妃雷神' 黄中斑

リュウゼツランに代表されるアガベはアメリカ大陸原産で、メキシコの蒸留酒、テキーラの原料としても有名です。大型種になると直径4mにもなるものがあります。高温と乾燥を好むため、日当たりのよい場所に置き、水やりは控えめにするとよいでしょう。寒さに強い種も多く、育てやすいグループです。

花はロゼット状の葉の中心から茎を伸ばして咲かせます。開花までには10年以上かかり、花が咲くとその株は枯れてしまいます。繁殖させたい場合は、株の根元に出てくる子株をハサミやナイフでカットして別の鉢に植えつけましょう。葉ざしはできません。小さい株は年に1回、中型から大型の株は2〜3年に1回程度植え替えをするとよいでしょう。

Basic Data

科名
リュウゼツラン科

原産地
北アメリカ南部、中央アメリカ、南アメリカ北部

育てやすさ
🌱🌱🌱

日当たり
◉◉◉

越冬温度
種類によって異なる

part 3　人気の多肉植物　失敗なしの育て方カタログ

シャープなトゲありタイプ　▼▼▼アガベ

	1月	2月	3月	4月	5月	6月	7月	8月	9月	10月	11月	12月
置き場所	◉日当たりのよい屋内か温室				◉雨の当たらない日なた						◉日当たりのよい屋内か温室	
水やり	💧乾かし気味					💧土が乾いたら						💧乾かし気味
肥料					🧴緩効性肥料か液肥							
植え替え			植え替えの適期									
殖やす					🌱株分け							

トライ！ 子株を切り取って殖やしてみよう！

❶ アガベは花が咲いた株は枯れてしまうため、子株をたくさんつけます。写真は王妃雷神。

❷ 子株を切り取るハサミやナイフは病気の媒介を防ぐためにも、きちんと消毒してから使用します。

❸ カットした子株は別の鉢に植えつけ、3〜4日してから水やりを行います。

育て方

置き場所
鉢はできるだけ日光の当たる場所に置く。多くが低温に強く、戸外でも冬越しが可能なものもある。

水やり
春から秋は鉢土が乾いたら水を与える。冬場は、5℃以上の日を選んで月1〜2回程度、0℃以下では休眠状態になるので断水。

肥料
初夏の生育期には緩効性肥料を2カ月に1回与える。速効性のある液体肥料を月に1回程度施してもよい。

病害虫
春から夏には黒星病、秋から冬にはサビ病などの可能性がある。発見したら、病斑部をナイフで切除する。害虫は年間を通してカイガラムシが発生。アザミウマは夏の高温時に発生しやすいので注意が必要。

冬越し
基本的には、休眠状態で冬越しさせる。

Q 鉢がいっぱいになっていたので植え替えをしたら、元気がなくなってしまいました。

A 寒い時期に行うなど、植え替えの時期が悪かったからではないでしょうか。また、植え替え時に、根を傷めすぎると弱ってしまうことがあります。水を与えすぎないようにしてしばらく見守りながら回復を待ってみましょう。植え替えは暖かい時期に行いましょう。

タイプ	越冬温度
夏型	3℃

育てやすさ **日当たり**

'氷山'
Agave victoriae-reginae 'Hyo-zan'

笹の雪の園芸種で、葉のふちに白斑が入るのが特徴。希少価値のあるタイプ。雨に当てず遮光気味に管理すると白斑がきれいにでる。乾燥には強いので、水は土が乾いてからたっぷり与える。

タイプ	越冬温度
夏型	5℃

育てやすさ **日当たり**

アテヌアータ
Agave attenuata

トゲのない種類で、白い粉を吹いたやわらかい葉をもつ。丈夫で育てやすい。風通しのよい日当たりを好み、乾燥には強い。日照不足だと茎が細くなる。過湿が苦手で、水やりは控えめに管理する。

タイプ	越冬温度
夏型	0℃

育てやすさ **日当たり**

乱れ雪
Agave filifera

細長い葉をロゼット状につける大型種。日当たりのよい場所を好むが、真夏の直射日光は避ける。休眠期は断水気味に管理。乱れ雪の園芸種となる王妃笹の雪などは小型で育てやすい。

タイプ	越冬温度
夏型	0℃

育てやすさ **日当たり**

屈原の舞扇
Agave 'Kutsugen no maiougi'

シルバーブルーの葉に赤黒いトゲが特徴。学名が不明とされているが丈夫で育てやすい。生育期は、表土が乾いたら水をやり、冬になったら控えめにする。日当たりのよい場所を好む。

part 3　人気の多肉植物　失敗なしの育て方カタログ

シャープなトゲありタイプ ▼▼▼ アガベ

'輝山'
Agave victoriae-reginae 'Kizan'

タイプ	越冬温度
夏型	3℃

日当たり	育てやすさ

笹の雪の園芸種で、幅の広い葉のふちに黄色の斑が入るのが特徴。水やりは控えめにし、真夏の直射日光、雨、霜を避けて管理する。

プミラ
Agave pumila

タイプ	越冬温度
夏型	3℃

日当たり	育てやすさ

三角形をした肉厚の葉をらせん状につける小型種。冬は水を控えめにすると丈夫に育つ。直射日光は避け、十分に日に当てる。

'王妃雷神'　白中斑
Agave potatorum 'Ouhi Raijin'

タイプ	越冬温度
夏型	3℃

日当たり	育てやすさ

'王妃雷神'の白斑入り。黄色の斑入りもある（→P158）。春から秋は雨のあたらない戸外、冬は日の当たる屋内へ。休眠期は水を控える。

雷神
Agave potatorum

タイプ	越冬温度
夏型	3℃

日当たり	育てやすさ

冬期は水を控えめにする。夏期は直射日光を避けて半日陰で管理し、水は土が乾いてから与える。寒さには強いタイプ。

笹の雪
Agave victoriae-reginae

タイプ	越冬温度
夏型	0℃

日当たり	育てやすさ

表土が乾いてから数日置いて水やりをする。乾かし気味に育て過湿を防ぐ。耐暑性、耐寒性ともにあるが、真夏の直射日光や霜は避ける。

吹上
Agave stricta

タイプ	越冬温度
夏型	0℃

日当たり	育てやすさ

比較的寒さに強く関東以西であれば周年戸外管理が可能。多湿には若干弱い。水やりには注意する。日当たり、風通しのよい場所を好む。

サボテン

Cactus

仙人掌（せんにんしょう）、覇王樹（はおうじゅ）、カクタスなどとも呼ばれるサボテンは、サボテン科の植物の総称です。トゲ、綿毛、花など美しさを観賞するポイントがありますので、好みのものを探してみましょう。

▶ 般若錦

サボテンは属名ではなく、サボテン科に属する植物の総称となります。サボテン科には多くの属がありますが、形から玉サボテン、柱サボテン、ウチワサボテンなどと分類されることもあります。

玉サボテンには、代表的なエキノカクタス属、トゲの代わりに綿毛のあるロホホラ属やアズテキウム属などがあります。柱サボテンにはミルチロカクタス属、パキケレウス属などがあります。ウチワサボテンの多くは、オプンティア属に属しています。

サボテンは南北アメリカ大陸とその周辺の島々に多く生育しています。気候に応じてさまざまな種類があり、低温に弱いものもあれば、氷点下になっても生存できるものもあります。

Basic Data

- 科名：サボテン科
- 原産地：南アメリカ、北アメリカ、中央アメリカ
- 育てやすさ：🌱🌱🌱
- 日当たり：●●●
- 越冬温度：5℃

part 3　人気の多肉植物　失敗なしの育て方カタログ

シャープなトゲありタイプ　▼▼▼　サボテン

	1月	2月	3月	4月	5月	6月	7月	8月	9月	10月	11月	12月
置き場所	日当たりのよい屋内か温室				風通しのよく明るい戸外						日当たりのよい屋内か温室	
水やり	乾かし気味				土が乾いたら					乾かし気味		
肥料					緩効性肥料か液肥			緩効性肥料か液肥				
植え替え				植え替えの適期				植え替えの適期				
殖やす					株分け・胴切り・さし木							

トライ！ ウチワサボテンを葉ざしで殖やそう！

❶ トゲがあるので、ピンセットを使って葉を取りましょう。葉の途中で折れないよう、つけ根の部分からはがすように取ります。

❷ 小さくカットして、乾いた土に置きます。1週間ほどは水やりをせず、その後も乾かし気味に管理します。

Q サボテンは冬に弱いそうですが、株を弱らせずに冬越しするコツはありますか？

A 温室で5℃以上の環境で管理できればベストです。温室がない場合は、最低気温が10℃以下になる頃から日の当たる室内に移動させます。水やりは土が乾いて数日たったあとに行い、乾かし気味に管理します。冬は室内で加湿器などを使用することもあるでしょう。人間には健康的ですが、サボテンにとって過湿になることも。加湿器から離れた位置において、通風にも配慮しましょう。

育て方

置き場所
基本的には、日当たりのよい場所に置くのがよい。

水やり
夏には6日に1度。春、秋には10日に1度が目安。1回の水やりで鉢底から流れ出るくらいたっぷり与えるとよい。大きく育ったサボテンは2カ月から半年に1度でもよいものもある。戸外で栽培している場合、冬は断水するほうが無難。

肥料
あまり必要ない。元肥程度でもよい。生長期に1カ月に1回程度、かなり薄めた液体肥料を与えてもよい。

病害虫
病気は、立ち枯れ病、疫病、炭そ病、灰色カビ病など。害虫は、カイガラムシ、ワタムシ、ネジラミ、アカダニなど。早期発見、早期駆除が大切。

冬越し
ほとんどのサボテンが休眠時期になるため、室内管理にする。

亀甲牡丹
Roseocactus fissuratus

タイプ 夏型　**越冬温度** 3℃
日当たり ◎◎◎　**育てやすさ** 🌱🌱🌱

ロゼオカクタス属。年間を通して日当たりのよい場所に置き、真夏の直射日光は避ける。冬期は休眠するので、乾かし気味に管理する。

亀甲ヘキルリランポー玉
Astrophytum myriostigma 'Kikko nudum'

タイプ 夏型　**越冬温度** 5℃
日当たり ◎◎◎　**育てやすさ** 🌱🌱🌱

アストロフィツム属。風通し、日当たりがよい場所に置く。夏の強光線は避ける。表土が乾いたら水を与え、冬は控えめに。

兜
Astrophytum asterias

タイプ 夏型　**越冬温度** 5℃
日当たり ◎◎◎　**育てやすさ** 🌱🌱🌱

アストロフィツム属。日当りを好むが、直射日光は避ける。水は土が完全に乾いたらたっぷりと与える。休眠期は通常の半分の月1回程度。

銀手毬
Mammillaria gracilis

タイプ 夏型　**越冬温度** 3℃
日当たり ◎◎◎　**育てやすさ** 🌱🌱🌱

マミラリア属。一年中遮光なしで長時間日光に当てると、白トゲが美しくなる。手をかけなくても群生しやすい。別名「可憐丸」。

金鯱
Echinocactus grusonii

タイプ 夏型　**越冬温度** 5℃
日当たり ◎◎◎　**育てやすさ** 🌱🌱🌱

エキノカクタス属。年間を通して風通しがよく、日当たりのよい場所で栽培する。乾かし気味に育てるが、春の生育期にはたっぷり水をやる。

金烏帽子
Opuntia microdasys

タイプ 夏型　**越冬温度** 3℃
日当たり ◎◎◎　**育てやすさ** 🌱🌱🌱

オプンティア属。日光が不足すると徒長してしまい小判型でなくなる。耐寒性があり、冬でも日当たりのよい戸外で管理できる。

part 3　人気の多肉植物　失敗なしの育て方カタログ

シャープなトゲありタイプ ▼▼▼ サボテン

小人の帽子
Epithelantha bokei

- タイプ：夏型
- 越冬温度：3℃
- 日当たり
- 育てやすさ

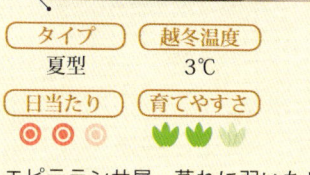

エピテランサ属。蒸れに弱いため、適度に遮光し涼しさを確保した風通しのよい場所で管理する。水は土が乾いてから天気のよい日に与える。

ゴジラ
Roseocactus fissuratus 'Godzilla'

- タイプ：夏型
- 越冬温度：3℃
- 日当たり
- 育てやすさ

ロゼオカクタス属。亀甲牡丹から作られた園芸種。日によく当てるが、強光で焼けやすい。休眠期は過湿による根ぐされに注意。

金洋丸
Mammillaria marksiana

- タイプ：夏型
- 越冬温度：3℃
- 日当たり
- 育てやすさ

マミラリア属。一年中よく直射日光に当てて育てる。寒さ・暑さに強く丈夫。根ぐされに注意。黄色いトゲとクリーム色の花が特徴。

翠平丸
Echinocactus horizonthalonius 'Complatus'

- タイプ：夏型
- 越冬温度：3℃
- 日当たり
- 育てやすさ

エキノカクタス属。強光が必要なので戸外での育成がベスト。風通しのよい環境で、多湿にならないように注意する。冬は室内管理がよい。

神仙玉
Ferocactus gracilis 'Coloratus'

- タイプ：夏型
- 越冬温度：3℃
- 日当たり
- 育てやすさ

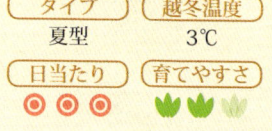

フェロカクタス属。豪快なトゲが魅力。非常に頑強で強光を好み、耐寒性も高い。通風や日当たりをよくし、土が乾いた頃に水やりを行う。

守殿玉
Gymnocalycium ochoterenae

- タイプ：夏型
- 越冬温度：3℃
- 日当たり
- 育てやすさ

ギムノカリキウム属。耐光性が低く、遮光気味に管理する。多湿がそれほど苦手ではなく、水やりは土が乾いた頃にたっぷりと与える。

玉牡丹
Ariocarpus retusus

タイプ	越冬温度
夏型	3℃

日当たり／育てやすさ

アリオカルプス属。岩牡丹の別産地種とされ、肉厚の三角形の葉が重なる。綿毛を含め葉焼けしやすいので、強光は避ける。

緋牡丹錦
Gymnocalycium mihanovichii f.

タイプ	越冬温度
夏型	3℃

日当たり／育てやすさ

ギムノカリキウム属。強い光が苦手なため、直射日光の当たらない明るい場所に置く。水は完全に乾いてからたっぷり与え、冬は断水する。

精巧丸
Pelecyphora aselliformis

タイプ	越冬温度
夏型	3℃

日当たり／育てやすさ

ペレキフォラ属。日当たりを好むが真夏の強光は避ける。生育期は土が乾いてから十分に水を与え、夏期や冬期は控えめに。生育は緩やか。

般若錦
Astrophytum ornatum f. variegata

タイプ	越冬温度
夏型	5℃

日当たり／育てやすさ

アストロフィツム属。星のような形で、アストロフィツムの中でも大きく育つ。耐寒性・耐陰性に優れているが、日当たりを好む。

白鳥
Mammillaria herrerae

タイプ	越冬温度
夏型	3℃

日当たり／育てやすさ

マミラリア属。全体が白トゲに覆われ子株をつけて群生する。強光を好む。水やりは土が乾いてから与えれば十分で、とくに休眠期は控える。

白雲閣
Marginatocereus marginatus

タイプ	越冬温度
夏型	5℃

日当たり／育てやすさ

マルギナトケレウス属。日当たり、風通しのよい場所で管理し、低温多湿は避ける。水は土が完全に乾いてから与え、冬期は控えめに。

part 3　人気の多肉植物　失敗なしの育て方カタログ

シャープなトゲありタイプ
▼▼▼ サボテン

ボンニアエ
Puna bonnieae

タイプ	越冬温度
夏型	0℃

日当たり　育てやすさ

プナ属。夏は遮光して風通しよく管理する。秋から春は日の当たる場所で、冬は断水する。寒さよりも夏の多湿に注意する。

福禄竜神木
Myrtillocactus geometrizans cv.

タイプ	越冬温度
夏型	5℃

日当たり　育てやすさ

ミルチロカクタス属。日当たり、風通しのよい場所に置き、真夏は遮光するか明るい日陰に移動。水やりは乾かし気味。根ぐされに注意する。

緋冠竜
Thelocactus hexaedrophorus v.

タイプ	越冬温度
夏型	3℃

日当たり　育てやすさ

テロカクタス属。長いトゲで全体が覆われているのが特徴。トゲが遮光性をもつため、日当たりのよい場所で管理する。

ローマエビ
Echinocereus octacanthus

タイプ	越冬温度
夏型	3℃

日当たり　育てやすさ

エキノケレウス属。北アメリカ原産の小型種。日当たりを好むため、できるだけ明るい場所に置く。水やりは土が乾いた頃に与えるとよい。

ヤマカル柱
Cereus jamacaru

タイプ	越冬温度
夏型	3℃

日当たり　育てやすさ

セレウス属。ブラジル原産。日当たりを好むが強光は避け、真夏は半日陰で管理する。水やりは土が乾いてから行うようにする。

翠冠玉
Lophophora diffusa

タイプ	越冬温度
夏型	3℃

日当たり　育てやすさ

ロフォフォラ属。風通し、日当たりのよい場所で管理する。水やりは月に1～2回程度で、冬期は断水。越冬のためしぼむが問題はない。

Euphorbia

ユーフォルビア

多肉性のユーフォルビアは、サボテンに似ていて鋭いトゲを持つものが多く、ユニークな姿が特徴です。冬は水やりを控えてしっかりした株に育てましょう。

▶ 紅彩閣

ユーフォルビアはほとんど世界中に分布していますが、茎や枝が多肉化した多肉ユーフォルビアは、乾燥地帯が原産地。ハナキリンのように大きな葉をつけるものもありますが、棒状や玉型の種類では葉がほとんど退化しています。サボテンに似ていても、刺座（アレオーレ）や毛はありません。根や茎、葉を傷つけると乳液を出しますが、この乳液は有毒でかぶれる場合があります。

増殖はタネをまくか枝ざし、地下の塊根を使った根ざしなどができます。さし木の場合は、乳液をふきとる、水で洗い流すなどの処理をするか、切り口をよく乾かしてからさすようにします。植え替えは5月以降。根を切らず、乾燥させないようにてばやくすませましょう。

Basic Data

科名
トウダイグサ科

原産地
アフリカ、マダガスカル、アラビア半島、カナリア諸島

育てやすさ
種類により異なる

日当たり
種類により異なる

越冬温度
種類により異なる

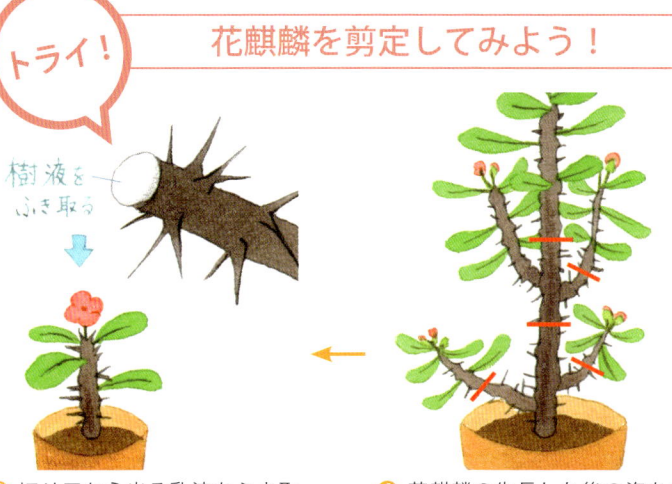

part 3 人気の多肉植物 失敗なしの育て方カタログ

シャープなトゲありタイプ ▼▼▼ ユーフォルビア

	1月	2月	3月	4月	5月	6月	7月	8月	9月	10月	11月	12月
置き場所	◎日当たりのよい屋内か温室				◎雨のあたらない日なた				◎日当たりのよい屋内か温室			
水やり	夏型は乾かし気味。冬型は土が乾いたら				夏型は土が乾いたら。冬型は乾かし気味				夏型は乾かし気味。冬型は土が乾いたら			
肥料						夏型のものに緩効性肥料か液肥			冬型のものに緩効性肥料か液肥			
植え替え						夏型の適期			冬型の適期			
殖やす					夏型の株分け・タネまきの適期				冬型の株分け・タネまきの適期			

トライ！ 花麒麟を剪定してみよう！

樹液をふき取る

❷ 切り口から出る乳液をふき取るか水で流し、1週間ほど日陰で乾かしてから新しい土にさします。さし木してから1週間ほどしてから水やりを始めます。

❶ 花麒麟の生長した後の姿を想定して、枝を切りつめます。余分な枝や混み過ぎた枝も切り取りましょう。

育て方

置き場所
夏は日当たりがよく風通しのよい場所に置く。寒さに弱い種類が多いので、気温が5℃近くになったら室内に入れ、日当たりのよい場所に置く。

水やり
夏型種と冬型種があるので、生育型にしたがって、生育期にはたっぷりと水を与える。休眠期は水を少なめにするが、完全に乾かさないようにする。

肥料
生育期に、薄めた液肥を月1回程度与える。

病害虫
冬に水をやりすぎると根ぐされを起こしやすい。害虫はハダニ、ナメクジ、カタツムリの食害。

冬越し
寒さに弱い種類が多いので、室内の日当たりのよい場所に置き、冷気に当てないようにする。保温設備のない場所では、夜間は覆いをかけるか、室内の暖かい場所に移動させるとよい。

Q ユーフォルビアの瑠璃晃（るりこう）を育てています。花が咲くのでタネを取りたいのですが、果実ができません。どうしてでしょうか。

A ユーフォルビアは雌雄異株（しゆういしゅ）といって、雄花と雌花が別々の株に咲きますから、両方の株が、同時に花を咲かせるようにしないと、果実ができません。雄花と雌花が同時に咲いたら、筆などを使って、雄花の花粉を雌しべにつけてやると効率よく授粉させることができます。

奇怪ヶ島
Euphorbia squarrosa

- タイプ: 夏型
- 越冬温度: 5℃
- 育てやすさ
- 日当たり

塊根からトゲのある葉を出す小型種。水はけのよい土を使い、乾燥気味に管理するとよい。日によく当てて育てるとトゲが美しくなる。冬は日射しのある室内に移動させて管理する。

我眉山
Euphorbia 'Gabizan'

- タイプ: 夏型
- 越冬温度: 5℃
- 育てやすさ
- 日当たり

鉄甲丸の交配種といわれる。真夏の直射日光は葉焼けの原因になるので避ける。水やりは一週間に1回程度。寒くなったら、徐々に減らし控えめにする。冬は室内管理でよく日に当てる。

稚児キリン
Euphorbia pseudoglobosa

- タイプ: 夏型
- 越冬温度: 5℃
- 日当たり
- 育てやすさ

日当たりを好むが強光は避ける。保水性が高いため乾かし気味に管理するが、休眠中でも断水せず、土が軽く湿る程度に与える。

キリンドリフォリア
Euphorbia cylindrifolia

- タイプ: 夏型
- 越冬温度: 5℃
- 日当たり
- 育てやすさ

塊根から枝を伸ばし筒状の葉をつける。乾かし気味にし、休眠期はとくに水やりを控える。日をよく当てなるべく暖かい場所で管理する。

オベサ
Euphorbia obesa

- タイプ: 春秋型
- 越冬温度: 5℃
- 日当たり
- 育てやすさ

球体が特徴。水やりは土が完全に乾いてから行い、晩秋から春までは断水気味にする。日当たりがよければ戸外での越冬も可能。

part 3　人気の多肉植物　失敗なしの育て方カタログ

シャープなトゲありタイプ
▼▼▼ユーフォルビア

花麒麟　*Euphorbia milii*

タイプ	越冬温度
夏型	3℃

日当たり　育てやすさ

耐寒性は低いので冬は室内に。日当たりがよく風通しのよい場所で管理する。休眠期は断水気味に。

白衣ホリダ　*Euphorbia horrida*

タイプ	越冬温度
夏型	3℃

日当たり　育てやすさ

ホリダの変種。通年直射日光の当たる場所に置く。ただし、雨に当てると肌が汚れるので注意。土が完全に乾いたら株元から水を与える。

鉄甲丸　*Euphorbia bupleurifolia*

タイプ	越冬温度
春秋型	5℃

日当たり　育てやすさ

蒸れに非常に弱いため、風通しのよい場所で管理。冬は室内に置き水やりも控える。うろこのような表面のデコボコは冬に葉を落とした跡。

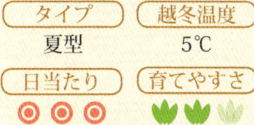

瑠璃晃　*Euphorbia susannae*

タイプ	越冬温度
夏型	5℃

日当たり　育てやすさ

よく子株をつけ群生する。日当たりを好むが、強光には弱いので若干の遮光が必要。水は鉢内が完全に乾いてから。冬は断水気味に。

ゴルゴニス　*Euphorbia gorgonis*

タイプ	越冬温度
夏型	3℃

日当たり　育てやすさ

通年、日がよく当たり風通しのよい場所で管理する。葉が徒長するため水やりは控えめにするが、断水はしない。園芸名は金輪際。

紅彩閣　*Euphorbia enopla*

タイプ	越冬温度
夏型	5℃

日当たり　育てやすさ

日当たりを好むが、夏の高温多湿には注意。多湿状態は根ぐされの原因に。寒さに弱く、冬は水やりを控え、室内管理にする。

多肉植物を育てるための園芸用語

植物を育てるためには、園芸用語を知っておくとより深く理解できることがあります。ここでは、多肉植物の栽培でよく使われる用語の意味を紹介します。

ウォータースペース
鉢植えで、用土の表面と鉢のふちとの間のスペースのこと。「水しろ」ともいう。水をかけたとき、水が土にしみこむ前に鉢の外にあふれ出たり用土が流れてしまうのを防ぐために、通常は鉢のふちから2～3cm下まで土を入れて、その上の部分をウォータースペースとする。

活着（かっちゃく）
さし木したり移植したりした植物が、枯れずに根づいて生長をはじめること。

灌水（かんすい）
ジョウロやホースなどを使って、植物に水をかけること。

寒冷紗（かんれいしゃ）
織り目の粗い薄い布に糊付けをしたもの。蚊帳（かや）や芯材、塗装の下地などに利用する。園芸では植物や温室をおおって、遮光や防寒、防風、防虫などの目的に使う。ポリエチレンや綿、麻など、素材はさまざまなものがある。

気根（きこん）
地上にある茎や幹から空気中に伸び出す根のこと。植物の体を支えたり、地中にとどいて養分や水分の吸収をしたり、ものに付着したりと、さまざまなはたらきがある。

群生（ぐんせい）
1カ所に群がるように多くの株が集まって生えること。

原種（げんしゅ）
新しい園芸品種や改良種をつくるときのもとになった野生種。または、品種改良されていない野生の植物のこと。

刺座（しざ）
サボテンの茎にあるトゲや綿毛（わたげ）が密集した部分。アレオーレともいう。

下葉（したば）
茎の下のほうについている葉。

遮光（しゃこう）
光をさえぎること。多肉植物の栽培では、遮光によって光の量を減らし、日陰を好む植物に適した環境をつくったり、夏に温度が上がりすぎるのを防いだりする。

蒸散（じょうさん）
根で吸収された水分が、おもに葉の気孔を通って水蒸気になり、空気中にでること。蒸散によって葉の温度が異常に上がるのを防ぐなどのはたらきがある。

節間（せっかん）
茎や枝の葉がつく部分を節（せつ）といい、節と節との間の部分を節間という。徒長すると節間が間延びして見える。

せっか
茎が異常に幅広く帯状に変形する現象のことで、帯化（たいか）ともいう。茎の先端にある成長点が遺伝的な原因や虫の食害などによって横にならんで増加するために起こる。

走出枝（そうしゅつし）
横に地面を這うように伸びた茎のことで、ほふく枝（ほふく茎）、あるいはランナーともいう。走出枝には節があり、節から根や葉を出して子株（子苗）となる。

地下茎（ちかけい）
地中にある茎のことで、養分を貯えた球茎（きゅうけい）や塊茎（かいけい）、タマネギの鱗茎（りんけい）のような特殊なものと、普通の根のように見える根茎とがある。根に似ていても、葉をつける節があることで区別ができる。

徒長（とちょう）
植物の茎や枝、葉がむだに長く伸びること。おもに日照不足や水分過剰によりおこる。

根づまり
鉢植えで、根が繁茂しすぎて、鉢の中がいっぱいになること、またはその状態。根づまりを起こすと根が水分や養分を吸収できず、植物の生長が妨げられるので、植え替えや株分けなどの手入れが必要となる。

葉変わり（はがわり）
茎や枝の成長点に起こった突然変異によって、ある枝の葉だけが普通の葉とは異なる形になったり、斑や模様などが現れたりすること。

鉢上げ（はちあげ）
タネをまいたりさし木したりして育てた苗を掘り上げて鉢に植えること。

花がら（はながら）
花が咲き終わったあとに残る枯れた花びらや雄しべなどのこと。

花座（はなざ）
メロカクタスなど一部のサボテンの茎の先端にできる頭状の部分。花の咲く頃に現れて、綿毛とトゲが密集する。セファリウムともいう。

葉水（はみず）
霧吹きなどを使って葉に直接水をかけること。植物の乾燥を防いだり、葉の汚れを落としたり、温度を下げたりする目的のほか、ハダニを予防するために行う場合もある。

半日陰（はんひかげ）
明るい日射しだが、直射日光が当たらない場所。あるいは木陰のように木もれ日が当たる程度の状態をいう。

実生（みしょう）
タネから芽が出て生長すること。またはタネをまいて育てた株のこと。

ロゼット
茎の節間がつまって葉が重なりあいながらつき、放射状にひろがったもの。「ロゼ」はローズ（バラ）が語源になっていて、バラの花びらのような形に広がるためにこう呼ばれる。

白鳥 ……………………… 166	プミラ ……………………… 161	緑の卵 ……………………… 95
初恋 ………………………… 88	フミリス …………………… 123	ミニマ ……………………… 89
花麒麟 ……………………… 171	冬の星座 …………………… 151	都の霞 ……………………… 91
花車 ………………………… 139	ブラウニー ………………… 139	魅惑の宵 …………………… 87
ハマミズナ科 ……… 136・154	**ブラウンシア** ……………… 140	**む**
巴里玉 ……………………… 156	ブラックゼム ……………… 119	**ムラサキベンケイソウ** …107
バルバータ ………… 152・153	プリカチリス ……………… 118	**も**
万象 ………………………… 151	ブルゲリ …………………… 139	モシニアナム ……… 104・106
般若錦 ……………… 162・166	**プレイオスピロス** ……… 141	モラニー …………………… 89
万物想 ……………………… 131	**へ**	モンキーネイル …………… 126
ひ	ペアルソニー ……… 136・140	**や**
ピーコッキー ……………… 86	碧魚連 ……………………… 140	ヤマカル柱 ………………… 167
光堂 ………………………… 131	**ペラルゴニウム** ………… 131	**ゆ**
緋冠竜 ……………………… 167	ペルシダム ………………… 140	夕映え ……………………… 115
ピグマエア ………………… 150	ヘレイ ……………………… 95	**ユーフォルビア** ………… 168
緋牡丹錦 …………………… 166	ベンケイソウ科 …… 84・90・	**ら**
火祭り ……………………… 102	92・94・96・98・104・108・	雷神 ………………………… 161
姫花月 ……………………… 102	110・112・120・124	**ラピダリア** ……………… 141
姫花月錦 …………………… 102	弁天玉 ……………………… 157	**り**
姫愁麗 ……………… 90・91	ペンデンス ………………… 127	**リトープス** ……………… 154
姫星 ………………………… 102	**ほ**	リネアータ ………………… 119
氷山 ………………………… 160	星乙女 ……………………… 103	リュウゼツラン科 ………… 158
ビラディア ……………… 107	ボスケアーナ ……………… 141	リリプターナ ……………… 135
ピランシー ………………… 139	ホタルの光 ………………… 119	リンゴ火祭り ……………… 103
ピランシー錦 ……………… 135	ホワイトローズ …………… 89	**る**
ビリデ ……………………… 111	ボンニアエ ………………… 167	ルテア ……………………… 107
ピリフェラ錦白斑 ………… 151	ボンビシナ ………………… 89	瑠璃晃 ……………………… 171
ピロサス …………… 142・143	**ま**	**れ**
ピンクレディ ……………… 88	マウガニー ………………… 140	麗虹玉 ……………………… 157
ふ	巻絹 ………………… 92・93	レインハード ……………… 93
ブーファン ………………… 131	魔玉 ………………………… 141	レガレ ……………………… 140
風鈴玉 ……………………… 140	マサイの矢尻 ……………… 146	**ろ**
フェルニア ……………… 152	真黒法師 …………………… 115	ローマエビ ………………… 167
フォエチダ ………………… 130	マルニエリアナ …………… 123	ロゲルシー ………………… 103
フォーカリア …………… 141	円刃 ………………………… 103	呂千絵 ……………………… 103
吹上 ………………………… 161	丸葉万年草 ………………… 107	**わ**
福娘 ………………………… 127	万宝 ………………………… 147	若緑 ………………………… 103
福来玉 ……………… 154・157	**み**	
福禄竜神木 ………………… 167	ミセバヤ …………………… 107	
富士 ………………… 96・97	乱れ雪 ……………………… 160	
富貴玉 ……………………… 157		

小型神刀 ……………… 101	翠冠玉 ………………… 167	対馬ツメレンゲ ………… 97
小菊の舞 ……………… 138	翠平丸 ………………… 165	**て**
ゴジラ ………………… 165	**スタペリア** ………… 142	帝王錦 ………………… 119
胡蝶の舞 ……………… 123	**スタペリアンサス**	**ディオスコレア** …… 131
コチレドン ………… 124	……………… 142・143	ディスティチャ ……… 131
子猫の爪 ……………… 127	ストリアータ ………… 151	ディバリカータ ……… 143
コノフィツム ……… 136	スノーフレーク ……… 119	デスメチアナ …… 84・87
小人の帽子 …………… 165	スピノーサ …………… 130	鉄甲丸 ………………… 171
小人の祭り …………… 114	すみれ牡丹 …………… 87	鉄錫杖 ………………… 147
コモチレンゲ ………… 97	スルカツム …………… 139	天錦章 ………… 94・95
ゴルゴニス …………… 171	**せ**	デンシフローラム …… 131
さ	精巧丸 ………………… 166	点兎耳 ………………… 123
笹の雪 ………………… 161	青鎖竜 ………………… 101	**と**
サボテン、サボテン科	静夜 …………………… 88	トウダイグサ科 ……… 168
…………………… 162	青鸞 …………………… 141	ドドランタリス … 112・115
五月雨傘 ……………… 114	**セダム** ……………… 104	トプシータービー ……… 88
サンバースト ………… 115	**セデベリア** ………… 89	ドラゴンズ・ブラッド … 107
し	**セネキオ** …………… 144	**ドルステニア** ……… 130
ジェイドタワー ……… 100	扇雀 …………………… 122	**な**
四海波 ………………… 141	仙女盃 ………………… 109	ナマカナム …………… 139
紫月 …………… 144・147	**センペルビブム** …… 92	**に**
七宝樹錦 ……………… 146	**そ**	錦の司 ………………… 88
シネレオビリディス … 138	象牙子宝 ……………… 135	日輪玉 ………………… 157
シャビアナ …………… 86	**た**	**ぬ**
十二の巻 ……… 148・151	タイトゴメ …………… 106	ヌビゲナ ……… 108・109
朱唇玉 ………………… 157	ダシフィルム ………… 106	**ね**
守殿玉 ………………… 165	**ダドレア** …………… 108	ネリー ………………… 118
樹氷 …………………… 89	玉稚児 ………………… 102	**の**
ジュリア ……………… 87	玉葉 …………………… 107	野ばらの精 …………… 88
寿麗玉 ………………… 156	玉牡丹 ………………… 166	**は**
朱蓮 …………………… 123	**ち**	パーティードレス …… 86
春鶯囀 ………………… 135	稚児キリン …………… 170	**ハオルチア** ………… 148
招福玉 ………………… 156	稚児姿 ………………… 102	パキフィツム ………… 109
女王の花笠 …………… 87	チョコレートソルジャー	**パキフィツム** ……… 110
白花黄紫勲 …………… 156	……………………… 123	**パキポディウム** … 130・131
新月 …………………… 147	千代田錦 ……… 116・118	白衣ホリダ …………… 171
シンセパラ …… 120・122	**チレコドン** ………… 131	白雲閣 ………………… 166
神仙玉 ………………… 165	**つ**	白星竜 ………………… 135
神刀 …………………… 98	月兎耳 ………………… 122	
神風玉 ………………… 141		
す		

多肉植物 さくいん

本書のパート3で紹介している多肉植物の索引です。太字のものは属名を表しています。

あ
愛染錦 ………………… 114
アイボリーパゴダ …… 100
アエオニウム ………… 112
青星美人 ……………… 111
赤鬼城 ………………… 100
アガベ ………………… 158
阿修羅 ………………… 153
アデニア ……………… 130
アテヌアータ ………… 160
アドロミスクス ……… 94
アフリカ亀甲竜 ……… 131
アマゾナイト ………… 150
アルテルナンス ……… 131
アルボレッセンス …… 100
アロエ ………………… 116
アロエ科 …… 116・132・148

い
怒帝王錦 ……………… 119

う
薄化粧 ………………… 106
ウスプルンギアナム … 138

え
エクセルサ …… 132・134
エケベリア …………… 84
江戸紫 ………………… 122
恵比須笑い …………… 130
エブレネウム ………… 130
エラフィアエ ………… 134
エリサエ ……………… 127

円空 …………………… 138

お
王妃錦司晃 …………… 86
王妃雷神 黄中斑 ……… 158
王妃雷神 白中斑 ……… 161
黄麗 …………………… 106
大型銀月 ……………… 147
大型緑塔 ……………… 100
大鮫 …………………… 141
オーレア ……………… 115
オディティ …………… 93
オトンナ …………144・147
オビフェルム ………… 110
オブツーサ …………… 151
オベサ ………………… 170
オペラローズ ………… 138
朧月 …………………… 91
オルビキュラータ …… 126
オロスタキス ………… 96

か
ガガイモ科 ………142・152
蛾角 …………………… 153
臥牛 …………………… 134
臥牛竜錦 ……………… 134
赫麗 …………………… 100
ガステリア …………… 132
我眉山 ………………… 170
兜 ……………………… 164
カランコエ …………… 120

き
奇怪ヶ島 ……………… 170
ギガス ………………… 150
キク科 ………………… 144
菊丸 …………………… 138
ギザギザハート ……… 150
輝山 …………………… 161
キダチアロエ ………… 118
亀甲ヘキルリランポー玉
 ……………………… 164
亀甲牡丹 ……………… 164
ギバエウム …………… 141

キムナッチー ………… 101
キャロル ……………… 86
牛角 …………………… 143
京童子 ………………… 146
旭波の光 ……………… 126
キリンドリフォリア … 170
金烏帽子 ……………… 164
キンギアナ …………… 150
錦晃星 ………………… 87
金鯱 …………………… 164
銀揃 …………………… 101
銀手毬 ………………… 164
銀波錦 ………………… 126
銀波錦モンストローサ
 ……………………124・126
キンビフォルミス …… 150
金洋丸 ………………… 165

く
屈原の舞扇 …………… 160
熊笹 …………………… 134
熊童子 ………………… 127
熊童子錦 白斑 ………… 127
グラウカ ……………… 130
グラキリウス ……128・130
クラッスラ …………… 98
クラバータ …………… 101
グラプトペタルム …… 90
グリーンネックレス … 147
グリーンペット ……… 107
黒法師 ………………… 114
グロメラータ ………… 135
群月冠 ………………… 89

け
ケイリドプシス ……… 141
ケープアイビー ……… 146
月光 …………………… 101

こ
紅彩閣 …………… 168・171
コエルレウム ………… 111
コーデックス ………… 128
コーラルカーペット … 106

175

●監修 ─────────── 国際多肉植物協会(こくさいたにくしょくぶつきょうかい)

1998年10月に小林浩氏、春日英弘氏、男庭正美氏を中心に、多肉植物の普及・研究を目的として設立される。日本全国のほか、アメリカ、ヨーロッパ、アフリカ、東南アジア各地37の拠点で活動する会員を有する。著書に「多肉植物写真集」(河出書房新社)、「多肉植物写真集 第2巻」(国際多肉植物協会)がある。

● 協　　力 ─────────── 鶴仙園　http://www.kakusenen.net/
　　　　　　　　　　　　　　二和園　http://www.kk.iij4u.or.jp/~yukicact/
　　　　　　　　　　　　　　小林 浩
　　　　　　　　　　　　　　稲葉 耕一郎

●撮影協力 ─────────── プロトリーフ　TEL 03-5716-8787
　　　　　　　　　　　　　　Buriki no Zyoro　TEL 03-3724-1187
　　　　　　　　　　　　　　イデーショップ 自由が丘店　TEL 03-5701-7555
　　　　　　　　　　　　　　大宗工務店
　　　　　　　　　　　　　　外房長屋
　　　　　　　　　　　　　　岩瀬酒造　http://www.iwanoi.com/

●寄せ植え制作 ───────── ふじえりこ（オフィスセレス）(P52～75)
●寄せ植え制作・執筆 ───── 森田 裕子（Office Wani）(P76～79)
●本文デザイン ───────── 橋本 千鶴
●撮　　影 ─────────── 寺門 栄治／森田 裕子
　　　　　　　　　　　　　　稲葉 資郎（P6～7、P48～75、part1およびpart3の一部）
●撮影スタイリング ────── 木村 美緒
●イラスト ─────────── 小春 あや
●編集担当 ─────────── 澤幡 明子（ナツメ出版企画）
●編集協力 ─────────── 倉本 由美（ブライズヘッド）
●執筆協力 ─────────── 中居 惠子／ふじえりこ（オフィスセレス）

ナツメ社Webサイト
http://www.natsume.co.jp
書籍の最新情報(正誤情報を含む)はナツメ社Webサイトをご覧ください。

はじめての多肉植物(たにくしょくぶつ) 育て方(そだてかた)&楽しみ方(たのしみかた)

2017年1月20日発行

監修者　国際多肉植物協会(こくさいたにくしょくぶつきょうかい)
発行者　田村正隆

International Succulent Institute Japan, 2014

発行所　株式会社ナツメ社
　　　　東京都千代田区神田神保町1-52　ナツメ社ビル1F(〒101-0051)
　　　　電話　03(3291)1257(代表)　FAX 03(3291)5761
　　　　振替　00130-1-58661
制　作　ナツメ出版企画株式会社
　　　　東京都千代田区神田神保町1-52　ナツメ社ビル3F(〒101-0051)
　　　　電話　03(3295)3921(代表)
印刷所　株式会社リーブルテック

ISBN978-4-8163-5647-6　　　　　　　　　　　　　　　　　Printed in Japan

本書の一部または全部を、著作権法で定められている範囲を超え、ナツメ出版企画株式会社に無断で複写、複製、転載、データファイル化することを禁じます。
＜定価はカバーに表示してあります＞
＜落丁・乱丁本はお取り替えします＞